www.tredition.de

Frank Deckert

Der Weg des richtigen Redens

Psychologie, Biochemie und Lean Prinzipien als System für den Unterschied in Dialogen

www.tredition.de

© 2018 Frank Deckert

Verlag und Druck: tredition GmbH, Hamburg

ISBN
Paperback: 978-3-7469-5132-4
Hardcover: 978-3-7469-5133-1
e-Book: 978-3-7469-5134-8

Der Weg des richtigen Redens

Psychologie, Biochemie und Lean Prinzipien als System für den Unterschied in Dialogen

Inhaltsverzeichnis

Ich stimme voll und ganz zu, aber……..

oder welche Sprache Meetings unsachlich werden lässt!

Ein Überblick über Sprachmuster, die im heutigen Sprachgebrauch für Teamgeist stehen, in der Wirkung beim Gesprächspartner jedoch genau das Gegenteil bewirken. Unverständnis und Konfrontation.

Sehr geehrter Leser, ich danke Ihnen, dass Sie sich für diesen kleinen Ratgeber entschieden haben. Das freut mich und ich hoffe, mit diesen kleinen Tipps entweder bestehende Gedanken bestätigen zu können oder vielleicht neue Denkweisen zu unterstützen, die Ihnen dabei helfen, Redezeit im Sinne der Sache zu nutzen.

Viel Spaß!

Mein Name ist Frank Deckert, ich bin seit 2007 Manager.

Meine Positionen bringen es mit sich, dass ich viel Zeit in Meetings in meiner Firma und mit Vertretern von anderen Firmen verbringe.

Zweitens leite ich Workshops, die das Ziel der kontinuierlichen Verbesserung verfolgen, ich auditiere die Effizienz unseres Unternehmens im Bereich der Fertigung in den Teilgebieten "Kurze Durchlaufzeiten" und „Kontinuierliche Verbesserung".

Drittens habe ich Trainings entwickelt, die sich mit den Themen

Lean, Wertstromanalyse und Problemlösung beschäftigen und ich leite diese Trainings selber in deutscher und in englischer Sprache.

Mein berufliches Leben ist vom Reden und Überzeugen geprägt.

2009 war für mich ein Meilenstein in meinem Leben, der mich bei meiner persönlichen Weiterbildung andere Wege einschlagen ließ.

Ein Vizepräsident des Unternehmens hatte zu einem sehr großen Meeting eingeladen, an dem telefonisch die gesamte europäische Organisation teilnahm und welches live in einem Auditorium abgehalten wurde. Stellen Sie sich vor, eine Bühne mit einer großen Leinwand, die leitenden Personen des Bereichs auf der Bühne und in der ersten Sitzreihe, das Auditorium bis auf den letzten Platz gefüllt.

Es ging um eine ernste Sache, das Überleben des Unternehmens!

Es wurde uns allen erzählt, was schief gelaufen ist, wie die letzten Wochen in der Führungsspitze gelebt worden sind und so weiter.

Dann kam der Zeitpunkt, wo die Angestellten Fragen stellen dürfen.

Ich meldete mich, eine Dame brachte mir ein Mikrofon und ganz Europa hörte mir zu.

Meine Frage zielte darauf ab, was für Ideen die Führungsspitze des Unternehmens hatte, das zum einen diese Krise so gut und so schnell wie möglich durchlebt werden kann, zum anderen vermieden wird, dass das Unternehmen noch einmal in so eine Situation kommt.

Stille!

Die Antworten sinngemäß zusammengefasst:

"Wenn man für Sonne plant, es fängt an zu regnen und man hat keinen Regenschirm mit."

"Man konnte ja auch nicht wissen, wer der nächste amerikanische Präsident ist"

Nach ein paar weiteren Metaphern kam dann die Frage an mich zurück:

"Hat das deine Frage beantwortet?"

Und ich habe mit "Nein" geantwortet und noch einmal wiederholt, was ich gerne hören möchte.

Die Strategie des Managements, wie die Firma für die Zukunft aufgestellt wird.

Stille!

Und dann die Frage an mich zurück, die mein Denken und Handeln veränderte:

"Nein, ich weiß es nicht. Aber wenn du meinst, du kannst der Firma helfen, dann komm auf die Bühne und teil uns deine Ideen mit."

Stille!

Alles schaute auf mich, der Vizepräsident hatte mich kleinen Angestellten persönlich herausgefordert. Er war nicht darauf vorbereitet gewesen, dass jemand seine Aussagen in Frage stellt und sich jemand nicht mit seinen Antworten zufrieden gibt.

Das war für mich ein Moment, in dem die Sekunden wie Minuten vergingen. Das gibt es wirklich, nicht nur im Film!

Was machen? Er hat mich aufgefordert, meine Gedanken mit der ganzen europäischen Organisation, live und per Telefon zugeschaltet, zu teilen.

Das Mikrofon noch in der Hand stand ich auf und bewegte mich Richtung Bühne.

Die Stille verwandelte sich in tobenden Applaus der Anwesenden, außer der Führungsmannschaft.

Ich war als Mensch herausgefordert worden, mein Wert für die Firma in Frage gestellt worden.

Ich ging auf die Bühne und begann, meine Vorstellung zu erläutern.

Business Plan Verhalten, Aktionspläne, zielgenaue Vorgaben der Unternehmensleitung und so weiter.

Und zum Schluss erklärte ich ganz Europa, warum ich auf die

Bühne gegangen bin. Ich musste.

Wenn ich sitzengeblieben wäre, hätte das bedeutet, dass ich selber der Meinung bin, das ich für das Unternehmen wertlos bin, als Manager des mittleren Managements keine Ideen habe und nur ein "Schaf in der Herde bin". Und das konnte ich für meine Person nicht akzeptieren.

Wieder tosender Applaus, als ich von der Bühne ging.

Ich habe später erfahren, dass dieser Vizepräsident nach dieser Veranstaltung sehr sauer war.

Auf sich!

Dass er mich herausgefordert hat und er damit letztlich, in diesem Moment, sehr schlecht ausgesehen hat.

Was nicht meine Absicht war. Ich habe mich um meinen Arbeitsplatz gesorgt und das hat mich dazu angetrieben, den Schritt zu machen. Richtig oder falsch, das weiß ich nicht. Jedenfalls war das meine Reaktion ausgelöst durch den Versuch, mich einzuschüchtern.

Damals habe ich mich noch am gleichen Tag zu Hause hingesetzt und dem Vizepräsidenten einen vier Seiten langen Brief geschrieben, wo ich spezifische Verbesserungspotentiale sehe.

Ich habe nie eine Antwort erhalten.

Das war für mich der Startpunkt, dass ich mich mit Sprachmustern beschäftigt habe.

Ich habe von da an mit "anderen Ohren" an Meetings, Trainings und Telefonkonferenzen teilgenommen. Was für Sätze starten welche Aktionen? Was für Sätze starten welche Emotionen?

Ich begann, mich in die Sprachmuster des NLP, des Neuro-Linguistischen Programmierens, einzulesen. Das gab mir den Anstoß, mich mit Körpersprache und Mikroexpressionen nach Paul Ekman zu beschäftigen und diese Themen im Hinblick auf Nutzung für meine persönliche Nutzung hin zu erlernen. Ich habe eingehend die Publikationen von Illusionisten studiert und bin, motiviert durch diese Studien nun selber ein zertifizierter Hypnotiseur, der Menschen dabei hilft, rauchfrei zu leben, Gewicht zu reduzieren oder sich mit Hilfe des Unterbewusstseins dahin zu entwickeln, wo sie sich hin entwickeln wollen.

Sie lesen die Kenntnisse eines Diplom-Ingenieurs des Maschinenbaus, der ein Spezialist für kontinuierliche Verbesserung und Lean-Methoden ist und der das ganze Thema des Managements und Verhaltens unter dem Gesichtspunkt des bewussten und unbewussten Verhaltens sieht oder es zumindest so gut wie möglich versucht. Und immer mehr lernt!

Das Thema des Buchs sind Sprachmuster und Wörter, die in jedem Meeting gebraucht werden, ohne jedoch zu wissen, was diese

Wörter im Bewusstsein und/oder im Unterbewusstsein auslösen. Beispiele aus dem Leben, für jeden nachvollziehbar und tagtäglich zu erleben.

Was ist der Grund, der mich denken lässt, das dieses Thema für andere Menschen interessant ist?

Meine persönlichen Gespräche mit Kollegen und Sitzungsteilnehmern!

In einer gemütlichen Atmosphäre oder einfach nur beim Smalltalk in der Pause oder beim Abendessen spreche ich sehr gerne meine Gedanken über die Art und Weise der Sprechweise in den abgelaufenen Meetings an. Meine Gesprächspartner denken dann zu fast 100% das erste Mal über das Thema an sich nach. Das zeigt, dass in Schulungen sehr viel Wert auf die Art und Weise von Präsentationen gelegt wird. Wie diese sprachlich unterstützt werden, kommt nirgendwo zu Sprache.

Und hier sehe ich den Sinn und Zweck dieses kleinen "Bewußtseinkreierers".

Mit diesen kleinen Hinweisen plus den Erklärungen, was Sprachmuster beim Zuhörer unbewusst auslösen (können), haben Interessierte eine gute und einfache Möglichkeit, ihren Rapport zu anderen Personen einfach zu verbessern.

Vielleicht werden Sie Sprachmuster finden, die Sie selber anwenden, vielleicht wird Ihnen im Nachhinein bewusst, warum ein Meeting, welches Sie als durchaus erfolgreich und konstruktiv eingeschätzt haben, dennoch nicht das erwünschte Ergebnis gebracht hat.

Es haben sich durch Mainstream-Trainingsmethoden und Verhaltensweisen, die von der heutigen Gesellschaft als "sozial" eingestuft werden, Schemata in der Art und Weise des Sprechens entwickelt, die diesen definierten Rahmenbedingungen genügen, jedoch die Möglichkeit einer größtmöglichen Effizienz von Meetings eingrenzen. Und das ist auch schon ein Kernpunkt des Themas.

Fachleute, die lehren oder Wissen vermitteln (sollen), sind sich der Wirkung mancher ihrer Wortkombinationen nicht bewusst und leben damit den Stil des Redens regelrecht vor.

Sie haben in den vorstehenden Zeilen schon oft die Worte "Bewusst" und "Unbewusst" gelesen. Wieso diese Differenzierung der Gehirnfunktionen? Weil hier das Potential der effektiven Kommunikation liegt. Bin ich mir als Redner bewusst, wie die Gehirne der Menschen, nach dem heutigen Stand der Gehirnforschung, arbeiten, können Sie sich entsprechend positionieren und Ihre Argumentationen und Redewendungen auf maximale Akzeptanz ausrichten.

Wie sieht das nun, in Kurzform beschrieben, aus, dieses Zusammenspiel von Bewusstsein und Unterbewusstsein?

Das Bewusstsein ist der Bereich, in dem logisch-analytisch gearbeitet wird. Hier werden die Entscheidungen getroffen oder das Verhalten bewusst entschieden. Ist das wirklich so?

Durch Messungen von Gehirnaktivitäten ist festgestellt worden, das Areale des Gehirns aktiv sind, bevor Entscheidungen oder Meinungen kommuniziert werden. Das Unterbewusstsein, der Datenspeicher aller Glaubenssätze, die wir Menschen haben, hat aufgrund der Erfahrungen, die wir gemacht haben, den Weg, den wir gehen wollen, schon entschieden und die Richtung festgelegt, bevor wir bewusst eine Meinung haben und äussern.

In der Welt der Hypnose gibt es eine Bild welches das Zusammenspiel von Bewusstsein, kritischer Faktor und dem Unterbewusstsein sehr anschaulich erklärt. Wir bekommen für uns neue Informationen und die werden mit dem schon vorhandenen Erfahrungsschatz abgeglichen. Quasi als Türsteher gibt es den kritischen Faktor, welcher zwischen Bewusstsein und Unterbewusstsein besteht und welcher selektiert, ob eine neue Information als positiv angesehen wird und den Wissensschatz erweitert oder ob uns die neue Information nicht gefällt und vom kritischen Faktor abgewiesen wird.

Heißt für unsere Arbeit mit anderen Menschen, das wir gar nicht wissen, was uns bei Gesprächen erwartet. Die Glaubenssätze unserer Gesprächspartner sind uns fremd. Oder vielleicht auch nicht?

Wie verhält es sich den mit dem Teamgeist, der Teamfähigkeit, mit dem berühmten positiven Denken oder konstruktiven Zusammenarbeit?

Das funktioniert doch am besten und einfachsten, wenn alle einer Richtung folgen und alle Teilnehmer des Gesprächs nach den Regeln spielen und unreflektiert auf Gesprächsmuster reagieren.

So werden in Meetings (ungestraft und unbemerkt) die Kompetenzen von Fachleuten durch unbewusst befolgter Obrigkeitshörigkeit als unbedeutend eingestuft und damit die Möglichkeit, sich unvoreingenommen weiterzuentwickeln, gestoppt.

Am Ende der Satz: Das war ein konstruktives Meeting!

Dann ausgesprochen, wenn es keine Konflikte gegeben hat und alle den sozialen Regeln gefolgt sind

Um es von meiner Seite noch einmal zu betonen.

Ich möchte Sie, sehr geehrter Leser, nicht zum permanenten Nein-Sager entwickeln, nur damit man gegen den Strom schwimmt und eine andere Position vertritt.

Ich möchte Sie für Wörter sensibilisieren.

Negativ manipulierende Wörter!

Wörter, die demjenigen, der sie benutzt, helfen sollen, einzig und allein sein Ziel zu erreichen.

Und das mit dem geringsten Widerstand oder mit dem minimalen Aufwand, die Gesprächspartner mit Fakten und Argumenten zu überzeugen (zu müssen).

Ich stimme voll und ganz zu, aber....

Das ist der Klassiker und ich möchte gerne mit ihm beginnen.

Wie oft nutzen Sie ihn in einem Meeting? Die Gesprächspartner stimmen sich im jedem zweiten Satz zu, um dann mit dem Wörtchen "aber" das Gesagte zu löschen und dann die eigenen Argumente anzubringen.

Was passiert den hier?

Mit der Zustimmung leiten wir denjenigen, der uns gerade eine Idee, eine Erklärung oder eine Meinung mitgeteilt hat, in die Richtung, dass er sich bestätigt und verstanden fühlt. Die kritischen Schutzmechanismen des Bewusstseins sind heruntergefahren und der Gesprächspartner fühlt sich gut und von einer Sekunde auf die andere wird das geändert.

...., aber ich habe eine viel bessere Idee, eine bessere Erklärung oder eine komplett andere Meinung.

Nichts ist es mit der Zustimmung, die sechs Wörter vorher in Aussicht gestellt wurde.

Was sind jetzt die Gründe für solch ein Schema der Gesprächskultur?

Lehrgänge haben diese Feinheiten nicht auf der Agenda und man kommt gerade an die Oberfläche der Kommunikationsstruktur, nämlich das die Teamfähigkeit es gebieten, zuzustimmen.

Und dann wird Rapport unbewusst zerstört! Wie geht es besser?

Ich stimme voll und ganz zu und....

Ein Wort ausgetauscht und welche Wirkung hat es?

Ich stimme wieder zu und diesmal habe ich etwas zu dem Gesagten zuzufügen, was das Gesagte als wahr und wertvoll bestätigt und jetzt füge ich von meiner Seite noch etwas hinzu. Der Gesprächspartner fühlt sich gut und fair behandelt. Der Rapport wird aufrechterhalten und die Gesprächsteilnehmer führen das Meeting zielgerichtet gemeinsam fort. Warum? Weil ich meinen Gegenüber nicht in eine Richtung lenke und ihm dann die Tür vor der Nase zuschlage!

Klingt ziemlich einfach, oder?

Die wenigsten Menschen in Gesprächssituationen wenden diese Technik an. Die Teilnehmer an Meetings, Diskussionen und Gesprächen sind so darauf fokussiert, die eigene Meinung als die richtige zu platzieren, das darüber hinaus der Faktor "Gemeinsam" vergessen wird.

Um nur einmal den Unterschied wirken zu lassen:

Der letzte gesagte Satz der Person A lautet:

„Und damit haben wir alles nach Spezifikation ausgeführt!"

Aber-Variante von Person B:

„Ich stimme Ihnen voll und ganz zu, aber wir müssen jetzt sehen, ob Ihr Ergebnis unseren Anforderungen entspricht!"

Und- Variante von Person B:

„Ich stimme Ihnen voll und ganz zu und wir werden jetzt gemeinsam sehen, wie Ihr Ergebnis unseren Anforderungen entspricht!"

Der Unterschied:

Habe ich als Reaktion einmal das "UND" verinnerlicht, wird meine ganze Antwort konstruktiv und kooperativ ausgerichtet. Und das ganz ohne Mühe. Mit dem "UND" ist das Wort "OB" nicht mehr passend und ich habe unterbewusst "WIE" gewählt. Damit wird die Qualität des Ergebnisses weniger in Frage gestellt, da in der ersten Variante, gewollt und ungewollt, bei dem Empfänger mit großer Wahrscheinlichkeit ankommt, das er nicht nach Spezifikation geliefert hat und jetzt erst einmal überprüft werden muss, ob das Ergebnis seiner Arbeit verwendet werden kann.

Mit dem Wort "UND" sind die Antennen ganz anders ausgerichtet und ich sende auch ganz anders.

Heißt, ich gebe ihm zu verstehen, dass ich seine Arbeit anerkenne und es jetzt überprüft wird, wie das Ergebnis seiner Arbeit die Spezifikation erfüllt.

Kein Anzweifeln der Qualität, sondern ein Akzeptieren des Ergebnisses mit der Option, dieses noch zu verbessern. Und zwar gemeinsam!

Der Rapport bleibt bestehen und die gemeinsame Arbeit für ein vielleicht besseres Ergebnis wird in den Vordergrund gehoben.

Meine persönlichen Erfahrungen in der Diskussion mit Managern und Direktoren:

Ich spreche diese Themen auch unter vier Augen im persönlichen Gespräch mit anderen Managern und Direktoren und ich sage Ihnen, ich habe für diese kleinen, feinen Unterschiede kein Bewusstsein gesehen.

Die Personen sind sich ihrer Sache sicher und sehen solche Hinweise als Hirngespinste und die Beschäftigung damit als überflüssig an.

Wir reden hier von Managern und Direktoren, die von ihren Bereichen, den heutigen Hauptströmungen des Denkens in Bezug auf Management und Kommunikation folgend, stetige Verbesserung, offenes Bewusstsein gegenüber Veränderungen und Weiterentwicklung fordert.

Wie kann das eigene Verhalten interpretiert werden?

Um ehrlich zu sein ...

Sie sitzen in einem Meeting und das Ziel des Meetings ist es, Entscheidungen auf Basis der Aussagen der Teilnehmer zu treffen, weitere Schritte festzulegen und das Geschäft in die richtige Richtung zu lenken.

Wie oft hören Sie die Einführung: Um ehrlich zu sein ...?

Was lässt Gesprächspartner in Meetings so oft darauf hinweisen, dass man es mit dem folgendem ehrlich meint?

Was ist der Unterschied zwischen dem geschäftlichen Gespräch und dem privaten Gespräch?

Im privaten Gespräch habe ich in meinem Leben die Erkenntnis gewonnen, das die Phrase „Um ehrlich zu sein" genutzt wird, wenn der Gesprächspartner keine Ahnung hat, nicht mehr weiter weiß oder halt vorher Halbwahrheiten, negativ ausgedrückt Lügen, von sich gegeben hat.

Im geschäftlichen Gespräch kann es einfach eine Phrase sein, die sich Menschen angewöhnt haben, um seriös wahrgenommen zu werden.

Da ist es wichtig, dass Basisverhalten der Gesprächspartner zu beachten. Wird die Phrase bei jedem zweiten Satz ohne besondere Brisanz genutzt, gehört es zur Eigenart der Person.

Interessant wird es, wenn man anfängt ehrlich zu sein, da das erwartete Ergebnis in Gefahr gerät. "Vertrau mir doch, ich bin ganz ehrlich zu dir!"

Was jedoch den Schluss zulässt, dass das vorher Gesagte nicht den kompletten Informationsinhalt wiedergegeben hat.

Vielleicht werden gemachte Aussagen revidiert, vielleicht werden Zusatzinformationen gegeben, die bis zu diesem Zeitpunkt unausgesprochen waren.

Ich als Adressat dieser Ehrlichkeit bin gut beraten, mir den Gesprächsverlauf noch einmal vor dem geistigen Auge vorzustellen. Er ist höchstwahrscheinlich, dass es für bestimmte Dinge Erklärungsbedarf geben kann.

Welche Gründe gibt es, das zu einem bestimmten Moment sehr darauf hingewiesen wird, dass man ehrlich ist?

- Unterstreichen der Glaubhaftigkeit
- Überspielen der Unsicherheit
- Unbehagen über den Gesprächsverlauf
- Offenbarung eines Fehlers
- Offenbarung einer versteckten Agenda
- Strategie

Ob bewusst oder unbewusst, hier ist eine Manipulation im Einsatz. Nämlich das Sicherstellen, das die folgende Aussage über alle Zweifel erhaben ist und den vollen Wahrheits- und Informationsgehalt wiedergibt.

Was jedoch sehr wahrscheinlich nicht der Fall ist!

Es werden keine weiteren Fragen erwünscht und mit dem expliziten Herausstellen der Ehrlichkeit sollen weitere Fragen zu dem Thema unterbunden werden.

Der Redner mag sich dessen gar nicht bewusst sein, Sie als Adressat dieser Nachricht haben mit diesem Wissen einen Anhaltspunkt, das Ihr Gegenüber sehr wahrscheinlich diesen Teil des Meetings schnell beenden will. Je nachdem, wie brisant das Thema des Meetings ist, ist es zu Ihrem Vorteil, das Thema, welches jetzt ehrlich besprochen wird, weiter auszudehnen. Es ist Ihrem Gegenüber so wichtig, das die folgende Nachricht als "die Ehrliche" verstanden wird, verwenden Sie Ihre Zeit darauf, jetzt sehr schnell herauszufinden, was hinter dieser Aussage steht.

Falls für Sie noch wichtige Details nicht weiter geklärt werden können, haben Sie es in der Hand, Ihre Forderungen und Notwendigkeiten herauszustellen und Sie verschaffen sich einen Vorteil in der Sache.

Und Ihrem Gegenüber vermitteln Sie ganz klar, dass Sie entscheiden, wann der Datengehalt Aussage Ihren Anforderungen entspricht.

Die Sorgfalt wird erhöht und das Meeting gewinnt an Qualität.

Für Sie als ein auf Sprachmuster achtender Gesprächspartner ist erhöhte Achtsamkeit jedes Mal ratsam, wenn aus dem Nichts die Ehrlichkeit betont wird.

Bleiben Sie bei dem Thema und stellen Sie die Frage hinter der Frage!

Ein Beispiel:

Um ehrlich zu sein haben wir das schon immer so gemacht und das hat sich bisher als sehr erfolgreich bewährt.

Ich kann also komplett beruhigt sein.

Was meine ich jetzt mit der Frage hinter der Frage?

Um die Qualität der Aussage zu bewerten nutzen Sie offene Frage.

Hier kann die erste Frage folgende sein: „Wie sehen Ihre Methoden den im Detail aus?

Mit dieser Frage habe ich die Aufmerksamkeit meines Gesprächspartners komplett auf die Sache gelenkt. Offen gefragt hat er keine Möglichkeit, sich an meiner Aussage zu orientieren und ist gezwungen, mir seine Methoden. die ja immer funktionieren, zu erklären.

Die zweite Frage kann sein: „Welche Probleme haben Sie bis jetzt erfahren und wie haben Sie sie gelöst?

Mit diesen zwei Fragen bekomme ich die Hintergrundinformationen zu dem Thema und ich bekomme Details, die mir für meine nächsten Schritte die Richtung bestimmen.

Wichtig: Stellen Sie die Fragen und schweigen Sie danach. Wir tendieren dazu, weitergehende Erklärungen zu offenen Fragen geben zu wollen, weil wir denken, immer so viel wie möglich erklären zu müssen.

Das ist kontraproduktiv!

Je mehr ich rede, desto mehr Zeit hat mein Gesprächspartner, sich auf die Antwort vorzubereiten. Und das möchte ich jetzt nicht! Ich brauche jetzt spontane Antworten, die mir die Realität der Sache beschreiben. Und die bekomme ich, je schneller und ungeleitet mein Gesprächspartner antwortet.

Also, stellen Sie die Frage, warten Sie auf die Antwort und schweigen Sie.

Jetzt "manipulieren" Sie, ohne etwas zu tun! Das Schweigen ist für Ihren Gegenüber eine Situation, welche Druck bei der Antwort aufbaut und seine Gedanken in die Richtung der Antwort fokussiert.

Probieren Sie es aus. Lassen Sie generell bei Fragen weitergehende Erklärungen weg und schweigen Sie.

Nicht nur im Zusammenhang mit der Ehrlichkeit, sondern auch

bei allen anderen Situationen, bei denen Sie Fragen stellen.

Wenn Sie selber ehrlich wahrgenommen werden wollen, lassen Sie genau das Wort in Gesprächen weg.

Bleiben Sie konsequent in der Erklärung von Zusammenhängen und wiederholen Sie die für Ihre Sache wichtigen Inhalte, jedoch mit der Betonung auf die Wichtigkeit.

Um Ihre Ehrlichkeit zu betonen, erklären Sie, warum das gerade besprochene Thema wichtig ist. Für Sie und Ihren Gesprächspartner.

Sein Sie ehrlich, ohne es in der Diskussion zu betonen!

Ein kleiner und feiner Unterschied!

Wie wir alle wissen ...

Wie wir alle wissen, ist es für uns Menschen wichtig, Teil einer Gemeinschaft zu sein und wir möchten als Experten angesehen werden.

Als Unwissender angesehen zu werden, dabei fühlen wir uns nicht wohl. Und vor allen Dingen möchten wir Teil der wissenden Gemeinde sein.

Ein harmloser Einstieg in eine Behauptung, oder vielleicht doch nicht?

Was passiert denn da gerade?

Es gibt einen Punkt, über den es verschiedene Meinungen gibt. Und vielleicht sind diese Meinungen auch dargelegt worden. Vielleicht ist auch diskutiert worden.

Doch jetzt ist ein Punkt erreicht, wo eine Partei entweder keine Argumente mehr hat oder einfach keine Lust auf weitere Diskussionen hat.

Also wird jetzt ein unterbewusster Hammer rausgeholt.

Der soziale Faktor!

Der Mensch fühlt sich in der Gruppe wohl und geborgen. Es ist immer schön, Teil des Ganzen zu sein und Harmonie und gleiche Meinung vereinfachen das Miteinander.

Und jetzt wird genau diese Karte gespielt.

Will ich mich jetzt gegen das Wissen der Gruppe stellen und noch viel kritischer für mich oder mein Ego, weiß ich das nicht und ich offenbare das jetzt meinen Gesprächspartnern?

Da sträubt sich etwas in uns, genau diese Position einzunehmen. Und das sind die Sekunden, die derjenige, der diese Einleitung genutzt hat, einfordernd in die Runde schaut.

Wenn jetzt zustimmendes Nicken anderer Gesprächsteilnehmer passiert, wird es für mich noch schwerer, eine "nichtwissende" Position einzunehmen.

Diese kleine Einleitung hat die unglaubliche Kraft, Diskussionen erst gar nicht aufkommen zu lassen. Diese Einleitung ist höchst suggestiv.

Um den Unterschied einmal klar darzustellen, folgende Varianten zur Auswahl:

1. Ich weiß nicht, wie Ihr Wissensstand ist, deshalb.....

2. Wie Sie vielleicht wissen......
- Wie wir alle wissen ......

Diese drei Varianten sehen fast gleich aus und hören sich auch fast gleich an.

Und doch gibt es einen gravierenden Unterschied.

Die ersten beiden Varianten bieten dem Angesprochenen die Möglichkeit, seinen Wissensstand zu überdenken und wenn nötig, Fragen zu stellen.

Die dritte Variante unterstellt einen Wissensstand der Teilnehmer und macht es Gesprächspartnern unmöglich, ohne einen unterbewussten Gesichtsverlust eine gegensätzliche Position einzunehmen.

"Wenn ich jetzt der einzige bin, der das nicht weiß, was denken die dann alle von mir? Da bin ich lieber ruhig und sag nichts"

Dieser Gedankengang ist menschlich und für viele normal.

Die Wirkung dieser Einleitung ist denen, die sie nutzen, in den meisten Fällen noch nicht einmal bewusst.

Ich bin mir aus meiner Erfahrung bei einer Sequenz sicher:

Wird diese Einleitung genutzt, nachdem im Vorfeld über Fakten oder Bedingungen konträr diskutiert wurde, dann möchte derjenige, der diese Einleitung nutzt, dieses Kapitel der Diskussion einfach nur beenden, und zwar ohne weitere Klärung von Sachverhalten.

Wie darauf reagieren?

Nehmen wir die Aussage am Anfang dieses Kapitels:

„Wie wir alle wissen, ist es für uns Menschen wichtig, Teil einer Gemeinschaft zu sein und wir möchten als Experten angesehen werden."

Wenn ich das Thema als noch nicht geklärt einordne, ist das folgende Muster für eine Antwort das richtige:

„Sicherlich wissen wir alle, dass es für uns Menschen wichtig ist, ein Teil der Gemeinschaft zu sein und das wir als Experten angesehen werden möchten. Und darauf aufbauend habe ich da noch ein paar Ansätze, die für die weitere Diskussion sehr wichtig sind!"

Mit dieser Antwort positioniere ich mich gegen die Gruppe, sondern ich bleibe trotz meiner anderen Meinung Teil der Gruppe.

Und im zweiten Teil biete ich an, dieses bestehende Wissen noch zu vergrößern.

Zum Vergleich eine andere Antwort:

„Nein, ich weiß das nicht! Aber ich brauch da noch weitere Informationen!"

Hier stelle ich mich komplett gegen die Wir-Aussage und damit gegen die Gemeinschaft. Und dann brauche ich auch noch weitergehende Informationen.

Hier werden alle Zeichen auf Konfrontation gestellt!

Also, bestätigen Sie das Gemeinschaftswissen und bieten Sie eine Erweiterung dieses Wissens durch Ihre Fragen, Ideen oder Meinung an.

Das "Wir"-Gefühl bleibt erhalten und Sie haben für sich die Möglichkeit geschaffen, die Richtung des Gesprächs zu lenken.

Ich bin sicher, du bist auch meiner Meinung ......

Dieser Anfang geht in auch in die Richtung des

"Wie wir alle wissen", jedoch auf eine persönliche Art und Weise. Hier geht es nur noch um den Gesprächspartner und mich, alle anderen Teilnehmer des Gesprächs sind in diesem Moment "interessierte Zuschauer".

Diese Einleitung kommt zum Einsatz, wenn es zu unterbewussten Machtspiel kommt.

Hier wird mir meine Meinung definiert!

Auch hier wird mein Ego adressiert. Die Aussage meines Gegenübers sieht er selber als richtig an und mein Denken wird durch diese Einleitung in die Zustimmung gelenkt.

Was passiert hier?

Es gibt ein Gesprächsthema, zu dem es unterschiedliche Meinungen gibt.

Wahrscheinlich haben alle Gesprächsteilnehmer ihre Position dargestellt und mein Gegenüber und ich sind nicht auf demselben Nenner der Meinungen.

Um die Diskussion abzukürzen und die andere Position abzu-
schwächen, fällt schließlich der Satz: „Ich bin sicher, du bist auch
meiner Meinung......."

Wie fühlen Sie sich in einer Gesprächssituation, in der Ihnen eine
fremde Position als ihr Kenntnisstand und als die richtige Denkweise in den Mund gelegt wird?

Und ich meine hier nicht einen Small-Talk über Sport oder Allge-
meines, sondern ein Meeting, bei dem es um wichtige Themen
geht und dessen Ergebnis Ihre zukünftige Arbeit stark beeinflusst.

Hier findet ein Positionieren und Führen statt, welches unterbewusst Ihre Position bröckeln lassen kann.

Wie das?

Noch einmal zur Erinnerung: Ich meine nicht die Situation, in der
zusammengefasst wird oder in der man sich schon fast einig ist und
eine Zustimmung leicht fällt.

Es ist immer noch großer Klärungsbedarf im Gespräch.

Nehmen wir den Fall, das ich nicke und zustimme.

Und das Gefährliche ist. Diese Formulierung führt sehr schnell zu
einem automatischen, unterbewusstem Nicken.

Immer im Hinterkopf, dass es noch um die Klärung einer wichtigen Sache geht.

Hier habe ich die Führung des Gesprächs unterbewusst aus der

Hand gegeben, da ich mich hier der Meinung eines anderen unterordne und diese Aussage vor allen Beteiligten bejahe.

Und zwar in einer Eins-zu-Eins-Situation:

Ich werde als die einzige Person adressiert und ich werde explizit nach meiner Zustimmung gefragt.

Eine Art Herausforderung!

Und bei wirklich gemeinen Nutzung dieser Einleitung wird die Aussage, die mir als die Richtige in den Mund gelegt wird, eine nicht so wichtige im Gesamtkonzept sein.

Ich stimme zu und jetzt folgt der Teil, der mich im Gespräch komplett in eine Verteidigungsposition bringen kann.

„Wenn Sie mir hier zustimmen, dann können Sie ja auch nur meinen Lösungsansatz als den richtigen Weg ansehen. "

„Wenn Sie mir hier zustimmen, ist es ja nur logisch, das meine Methode die richtige ist."

Und diese Kausalbeziehung, die hier aufgestellt wird, macht die Situation für mich sehr schwierig.

Ich habe einer, für mich unbedeutenden, Sache zugestimmt und daraus wird meine Zustimmung zu dem diskutierten Thema hergeleitet.

Und das vor allen anderen Gesprächsteilnehmern!

Wie sieht es jetzt aus, wenn ich jetzt nicht zustimme?

Und vor allen Dingen, wie kann der nächste Satz meines Gegenübers aussehen?

Gehen wir den unangenehmen Verlauf des Gesprächs einen Schritt weiter. Ich stimme der Schlussfolgerung nicht zu.

Für meinen Gesprächspartner die Möglichkeit, das Gespräch auf die persönliche Ebene abzulenken mit einer Variante des folgenden Satzes:

„Sie wissen aber wirklich nicht, was Sie wollen. Einmal stimmen Sie zu, dann wieder nicht! Ich denke, Sie sollten sich erst einmal darüber klar werden, was Sie wollen?"

Bang!

Jetzt kann ich erklären, warum ich einmal zugestimmt habe, einmal nicht. Ich kann schweigen. Ich kann offensiv werden und die Art der Gesprächsführung ansprechen, womit ich mich auf die persönliche Ebene einsteige und mich vom Sachthema verabschiede.

Egal wie, ich bin in der Verteidigungsrolle.

Und damit in einer schlechten Position für den weiteren Gesprächsverlauf.

Ich ärgere mich über mich, ich ärgere mich über den Verlauf des Gesprächs, ich ärgere mich über den Gesprächspartner. Bewusst und/oder unbewusst.

Und das macht mir die Konzentration auf das Gespräch schwer.

Gibt es eine andere Möglichkeit?

Vielleicht werden Sie schon das nächste Mal anderes reagieren, weil Sie die vorstehenden Sätze gelesen haben und Sie das nächste

Mal sofort alarmiert werden, wenn der erste Teil des Satzes "Ich bin sicher, das.." hören.

Sie sind sich jetzt bewusst, das hier gerade ein Positionieren mit nachfolgender Führung vorbereitet wird.

Die einfache, jedoch Rapport beendende Variante, ist die sofortige Verneinung.

Damit gehen Sie in die offene Konfrontation, da Sie vor anderen Personen die Kompetenz Ihres Gesprächspartners anzweifeln.

Der elegantere Weg ist es, mit folgender Antwort den Gesprächspartner in eine Erklärungsposition zu bringen: „Wenn wir beide der Meinung sind, dass ... (Erklärung neutrale Position oder meine Sichtweise), dann stimme ich Ihnen zu!

Damit führen Sie, denn Ihr Gegenüber wird jetzt entweder zustimmen, wenn die neutrale Position für ihn akzeptabel ist oder er wird seinerseits verneinen, dass er es so nicht gemeint hat. Und dann liegt es an Ihnen, ob Sie das Thema auf der persönlichen Ebene oder ob Sie das Gespräch sachlich weiterführen.

Mit der uneingeschränkten Zustimmung gebe ich meinem Gegenüber die Kontrolle.

Mit dem Hinterfragen des Gesagten und der in Aussicht gestellten Zustimmung bin ich weiterhin in der mitwirkenden Position. Das Gespräch kann jetzt in die Richtung gehen, das offene Punkte besprochen werden. Es kann dahin gehen, das unterschiedliche Meinungen oder Wissensstände kundgetan werden.

Ich kann weitergehende Erklärungen geben oder aber sachlich weitergehende Erklärungen anfordern.

Die Erfahrung, die ich gemacht habe, ist die, das der Gesprächs-partner, der mich in diese Zustimmungs- und Opferrollen bringen wollte, danach sehr darauf geachtet hat, dass dieses Positionieren und Führen nicht mehr stattfindet und die Gespräche sehr kon-struktiv weitergegangen sind.

Sehr interessant war die Körpersprache in dem Moment, in dem ich nicht wie erwartet zustimmte, sondern anders reagierte.

Das Selbstbewusstsein war weg, die Augen waren überrascht auf-gerissen. Der Redefluss der Antwort war stockend und Wörter wurden gesucht.

Die Zustimmung wird aufgrund der in der heutigen Zeit gelebten Redekultur als gegeben erwartet.

Brechen Sie das Muster und bleiben Sie in der handelnden Rolle.

Und, achten Sie in dem Moment auf Ihre Körpersprache?

In dem Moment in dem Sie reden, halten Sie ihre Hände auf der Höhe Ihres Bauchnabels und machen Sie einladende Handbewe-gungen während Sie reden.

Diese Ebene des Körpers ist die Vertrauensebene und wenn ich mit meinen Händen hier passend zur Aussage gestikuliere, ver-stärkt das die Wirkung meiner Worte.

Wenn Sie zusätzlich mit eine, leichten Lächeln reden, ist Ihre Wir-kung auf den Gegenüber vertrauensvoll und positiv.

Ein schöner Nebeneffekt ist, dass Ihre proaktive Körperhaltung Ihr Denken beeinflusst und Sie aufgeschlossen und konstruktiv weiter agieren lässt.

Die Stimmung bedingt die Körperhaltung, die Körperhaltung bedingt die Stimmung. Das funktioniert in beide Richtungen!

Und Herr ÜberUns will das auch.......

Ein weiterer Klassiker der nicht auf Fakten und Wissen basierenden Beeinflussung.

Ich sitze in einem Meeting und die Teilnehmer sind unterschiedlicher Auffassung. Meistens ist die Konstellation so, dass ein Bereich näher an den Entscheidungsträgern ist oder die Verantwortung für Fakten- und Datensammlung hat. Mit entsprechenden eigenen Zielen und Schwerpunkten wie z. B. Verantwortung für Investment bei Projekten. In den Gesprächen wird dieser Bereich, der gegebene Grenzen für Investment nicht überschreiten will, alle Themen, die vielleicht ein Nachkalkulation oder ein Überdenken der Rahmenbedingungen eines Projekts notwendig macht, alle für ihre Ziele kontraproduktiven Vorschläge abschmettern.

Und wir reden nicht davon, ob etwas Sinn macht oder nicht.

Zeitvorgaben und Kürzungen von Investment sind die einzigen Themen die zählen.

Hauptsache, die eigenen Ziele werden erreicht. Silodenken in Reinkultur!

Kommt Ihnen so etwas bekannt vor?

Wenn ja, dann werden Sie auch den Inhalt dieses Kapitels schon gehört haben.

Wenn in den Gesprächen eine Partei dabei ist, die (im Sinne des Unternehmens) anderer Meinung ist, dieses mit Daten und Fakten belegen kann und argumentativ so aufgestellt ist, das die Hypothesen und Berechnungen aller Kritik standhalten, dann kommt die ultimative Aussage: „Und Herr ÜberUns will das auch, das ...!"

Das Totschlag-Argument überhaupt!

Willst du etwa etwas besser wissen als unsere Führung und willst du es wagen, die Richtung der Führung anzuzweifeln?

Selbst oder gerade in der heutigen Zeit ist das Obrigkeitsdenken tief in unserem Bewusstsein verwurzelt.

Ich habe wirklich sehr oft erlebt, auch am eigenen Leib, wie man nach Empfang dieses Satzes zuckt (wirklich körperlich) und erstmal keine Antwort auf die Aussage folgt. Warum?

Wenn ich jetzt bei meiner Aussage bleibe, stelle ich mich gegen den Willen des führenden Personals! Bin ich der Charakter dafür, was ist mit meiner Karriere, wie werde ich persönlich mit dem Druck fertig, eine andere Meinung als die die Entscheidungsträger zu haben?

Alles Beispiele, die einem durch den Kopf schießen und die die Redepause bedingen. Wie vorher erwähnt, werden diese Gedanken meisten von einem Zucken, also einem "Sich Kleinmachen" begleitet. Diese beiden Reaktionen geben meinem Gesprächspartner absolutes Oberwasser in unserem Gespräch.

Er hat die Geschäftsleitung im Rücken und er vertritt deren Meinung, Er hat die Verantwortung für den Prozess. Das macht ihn stark!

Und zusätzlich zu seinem schon großen Ego zeige ich gerade Schwäche Ich mach mich klein und ich habe keine Antwort.

Meine Körpersprache zeigt Unsicherheit und mein Zögern trägt zu dieser Wahrnehmung bei.

Das Gespräch entgleitet mir gerade trotz aller Daten und Fakten, die zum Vorteil der Firma und den Gesamterfolg des Unternehmens unterstützen.

Obrigkeitsdenken siegt über Erfolgsdenken!

Ist dieses Szenario eingetreten, heißt, ich habe für mich in meinem inneren Zwiegespräch entschieden, dem Willen von Herrn Über-Uns zu folgen (trotz besseren Wissens in der Sache und ohne Bestätigung, dass Herr ÜberUns das wirklich möchte), dann wird ein Denkprozess aktiviert, welcher äußert schädlich sein kann.

Ich werde mich fragen, warum ich nachgegeben habe, obwohl ich doch die besseren Argumente habe. Ich werde viel im Konjunktiv denken und mir werden viele Sachen einfallen, die ich hätte sagen können. Es kann sogar dazu führen, dass ich das Denken zum Wohle der Firma einstelle und innerlich kündige.

Weshalb soll ich mir die Mühe machen, neue Methoden und erfolgreiche Projektoptionen zu erarbeiten, wenn die bloßen Aussagen von Menschen über mir in der Hierarchie neue Denkweisen und Prozesse stoppen?

Dann doch lieber Dienst nach Vorschrift!

Wenn dieses Vorgehen Methode hat, werden geistige Mauern zwischen Abteilungen errichtet und ein produktives Miteinander wird unterbunden.

Wie anders vorgehen?

Als erstes kann ich die Historie mit Abteilungen und Menschen einmal im Kopf durchgehen und dabei schon feststellen, welche Personen diese Art der Unterbindung von Diskussionen und neuen weiteren Schritten, unterbinden. Bin ich mir dieses Sprachmusters bewusst, kann ich mich im Vorfeld des Gesprächs vorbereiten.

Und da steht ja die Aussage im Mittelpunkt, das der Herr ÜberUns das auch will!

Eine gute Frage von meiner Seite ist als Antwort: „Welche Rahmenbedingungen haben denn Herrn ÜberUns diese Meinung bilden lassen."

Ich kritisiere die Position nicht, ich stelle sie nicht in Frage, ich zweifle die Fähigkeiten der Führungspersonen nicht an. Ich möchte die Basis für die Entscheidung kennenlernen und mit meinen Daten und Fakten abgleichen.

Was kann jetzt im Gespräch passieren?

- Mein Gesprächspartner kann mir keine Auskunft geben.

Dieser Satz ist wirklich nur zur Beendigung der Thematik gesagt worden. Die wirkliche Position des Herrn ÜberUns ist gar nicht bekannt.

Totaler Gesichtsverlust der Person. Mit hoher Wahrscheinlichkeit wird dieses Gespräch kein Ergebnis haben.

Will ich ihn nicht weiter demütigen, bitte ich um die Beendigung des Gesprächs mit der Aufforderung, die notwendigen Informationen zu besorgen, um dann auf Basis dieser Fakten weiterzureden.

Vielleicht lerne ich hier, das meinem Gegenüber die Meinung des Herrn ÜberUns gar nicht bekannt ist und er diese Phrase wirklich nur genutzt hat, weil das gewöhnlich zu einem Verstummen von gegenteiligen Meinungen führt.

Man stellt sich nicht gegen die Meinung der Führung!

Ich möchte hier noch einmal ganz klar betonen, dass ich nicht zur Revolution oder Anarchie im Geschäftsleben aufrufen möchte.

Was ich möchte, ist Ihnen die Möglichkeit der bewussten Reaktion zu geben und nicht nur Opfer eines unterbewussten Glaubenssatzes zu werden.

Das unterbewusste Zucken wird durch diese Obrigkeits-Glaubenssätze hervorgerufen. Weiß ich das, kann ich in dem Moment anders und bewusst reagieren!

Und das hilft Ihnen, Ihre Souveränität im Gespräch zu bewahren.

Was ich gelernt habe ist, dass sich die Menschen, die den "Herrn ÜberUns-Joker" ziehen, so sicher sind, dass damit das Thema zu Ihren Gunsten ohne weitere Diskussion entschieden ist. Wenn jetzt eine Antwort kommt, mit der auf sachliche Art und Weise hinter die Aussage geblickt werden soll, können Sie damit nicht mehr umgehen und Sie reagieren unwirsch und genervt.

Klar, denn diese Menschen haben ja kein sachliches Argument

mehr gehabt und sie sind jetzt gezwungen, in eine Richtung zu gehen, mit der sie sich gedanklich nicht beschäftigt haben oder auch nicht wollen.

Seine Sie sich bewusst, dass das Gespräch kurzfristig auf eine unangenehme Ebene abgleiten wird. Wie es sich entwickelt hängt dann von den nachfolgenden Themen und den Erfolgserlebnissen und Übereinkommen der Gesprächspartner ab. Und natürlich auch davon, in welche Menge die Suggestiv-Einleitungen aus diesem Buch oder ähnliche Redewendungen genutzt werden.

Um realistisch zu bleiben....

Wenn diese Einleitung verwendet wird, sind Sie für Ihren Gesprächspartner zu innovativ und Sie passen mit Ihrer Position absolut nicht in das jetzige Denkschema.

Es wird versucht, Ihre Position als Utopie oder unrealistisch darzustellen und ihre Idee als nicht realisierbar einzustufen.

Natürlich gibt es Rahmenbedingungen, in denen ein weiteres Vorgehen oder eine Strategie nicht fortgeführt wird.

Jedoch werden auch Ideen oder Vorschläge, die ein neues Denken oder Handeln erfordern, gerne als unrealistisch dargestellt.

Leider gibt es hierfür nur einen Grund: Man will sich nicht verändern und somit den Weg des geringsten Aufwands gehen.

Was wird denn hier gesagt?

Die genannten Prozesse, Ideen oder Vorschläge werden abgewertet. Wenn ich kooperativ und konstruktiv mit Dingen umgehen möchte, die zu diesem Zeitpunkt nicht in ein Konzept passen, dann kann ich andere Wörter wählen, die dem Anderen ein gutes Gefühl in der Zusammenarbeit geben.

„Sie haben interessante Ansätze und wenn sich in dem Projekt die Rahmenbedingungen ändern, ist es wert, Ihre Ideen noch einmal auf Machbarkeit zu überprüfen."

„Weil unsere Strategie in eine andere Richtung geht als das, was Sie uns gerade vorgeschlagen haben, bitte ich Sie zu überlegen, wie

Ihre Ansätze verändern werden können, damit wir diesen interessanten Ansatz nutzen können"

Zwei Beispiele, wie ich ausdrücken kann, dass die Vorschläge zu diesem Zeitpunkt keinen positiven Beitrag bringen. Kleine Unterschiede, die auf meinen Gegenüber unterbewusst klare Aussagen machen, wie ich ihn, seine Sachkompetenz und seinen Beitrag einschätze.

Sage ich jemandem, das seine Aussagen unrealistisch sind, und zwar ohne Erklärung meiner Bewertung, so stelle ich ihn als jemanden dar, der seinen Job nicht seriös macht und der sich mit Dingen beschäftigt, die dem aktuellen Thema nicht dienlich sind.

Vor allen Dingen lasse ich ihn spüren, das er nicht den gleichen Stellenwert wie ich hat und dass er eine Fehleinschätzung des Themas vorgenommen hat.

Versuchen Sie einmal, ob sich Ihre Gefühlswelt ändert?

Sie sind fachlicher Experte in einem Themengebiet.

Sie haben sich mit einer Aufgabenstellung befasst und nach Ihrer Einschätzung eine innovative Variante der Lösung der Aufgabe ausgearbeitet.

Sie sind sich bewusst, dass es eine andere Denkweise erfordert.

Sie sehen die Chancen auf Erfolg als sehr gut an.

Wenn Sie sich in diese Gefühlswelt hineinversetzt haben, dann lesen sie jetzt meine Einschätzung Ihrer Arbeit:

„Das ist nur Theorie und das funktioniert nie. Völlige Zeitverschwendung, sich weiter mit dieser Variante zu befassen!"

Wie fühlen Sie sich jetzt?

Ich frage nicht nach Hintergründen, ich versuche gar nicht, Ihren Lösungsansatz zu verstehen, ich zeige Ihnen sehr deutlich, dass das Ergebnis Ihrer Arbeit nutzlos ist.

Selbst wenn ich diese Zeilen schreibe, kommt ein Gefühl des Ärgers in mir auf, weil es diese Argumentation ist, die sehr gute Ansätze im Keim erstickt und Menschen dazu bringt, sich lieber den geistigen Grenzen zu bewegen, die als akzeptabel eingestuft werden.

Es wird in der heutigen Zeit viel über die innere Kündigung gesprochen. Vielleicht, weil mit diesen Sprachmustern viele Menschen klein gemacht werden.

Sie bekommen ein paarmal das Feedback, das Ihre Denkansätze nicht in die Zeit oder nicht in das Konzept passen. Sind Sie jetzt ein Charakter, der Konflikte scheut und der seine Arbeit machen möchte, dann sagen Sie sich irgendwann:

„Für was das Alles. Meine Ideen will man hier nicht hören. Also mach ich Dienst nach Vorschrift."

Diese kleinen, täglichen Enttäuschungen in Meetings und Gesprächen sind meiner Einschätzung nach ein sehr bedeutender Grund für das unmotivierte Verhalten von Menschen.

Achten Sie in den kommenden Gesprächen doch einmal auf die Reaktion der Menschen, die als "Träumer" dargestellt werden

Und die Erfahrung zeigt ...

Diese Einleitung wird in vielen Fällen zusammen mit der vorherigen genutzt.

Gemeinsam genutzt werden neue Denkweisen und Verfahren als nicht realisierbar eingestuft und dem Andersdenkenden wird sehr eindeutig die Ablehnung gezeigt.

Was sagt gerade dieser Satz über die strategische und taktische Einstellung der Teilnehmer und damit der Abteilung oder des Unternehmens aus?

Eine Erfahrung habe ich zu einem bestimmten Zeitpunkt mit den damaligen Rahmenbedingungen gemacht. Diese Erfahrung prägt aufgrund des Resultats der damaligen Aktion das Verhalten der Menschen.

Besonders ausgeprägt ist diese Art und Weise des Denkens bei Organisationen, die sich in einem Managementmodell befinden, welches eine Zielverfolgung und Informationskette nur innerhalb eines Bereichs hat. Ziele werden nur Vertikal in die darunter angesiedelten Funktionen weitergegeben und der Erfolg der Organisationen wird nur durch das Erfüllen der ausgewählten Zielwerte gemessen. Wenn in diesen Organisationen Erfahrungen gemacht werden, wie die Zielwerte, die sich meistens auch über Jahre thematisch nicht ändern, am schnellsten und mit geringsten Aufwand erreicht werden, bestimmen diese Erfahrungen auch das Verhalten für zukünftige Projekte. Die Manager dieser Organisationen werden an dem Erreichen der Zielwerte gemessen, und jede Veränderung im Denken oder Prozesse außerhalb der Erfahrung werden negativ bewertet. Ich weiß ja, wie ich am besten meine Ziele in den letzten Jahren erreicht habe, warum etwas ändern?

Die Menschen dieser Organisationen haben sich eine Komfortzone eingerichtet, Veränderungen finden nur innerhalb dieser Komfortzone statt. Und dieser Logik folgend wird alles, was nach der eigenen Erfahrung außerhalb der Komfortzone, also in der Lernzone liegt, als unrealistisch aufgrund der eigenen Erfahrung eingestuft.

Jetzt kommen Sie in eine Situation, in der Sie ein neues Konzept ausgearbeitet haben, welches jedoch nicht mit den eingerichteten Messgrößen bewertet werden kann.

Sie verlangen stattdessen, dass Ihr Gegenüber wirkliches Neuland betritt. Prozesse einrichtet, die außerhalb seines Erfahrungsschatzes liegen und welche ihn komplett in die Lernzone bringen. Und zusätzlich dazu sollen neue Messgrößen genutzt werden.

Mit großer Sicherheit werden Sie zu hören bekommen:

„Bleiben Sie mal realistisch! Nach unserer Erfahrung wird das nicht funktionieren."

Und wissen Sie, was das Schlimme dabei ist? Es geht bei der Bewertung nicht um eine objektive Beurteilung der zur Diskussion stehenden Prozesse, sondern diese Ablehnung ist getrieben von dem, von manchen Managern, bewusstem oder auch von vielen Fachleuten unbewussten Verlangen, gewohntes Terrain nicht zu verlassen und sich gedanklich und beruflich dort aufzuhalten, wo man Erfahrung hat und wo man sich auskennt.

Mit den vorgenannten Sprachmustern werden Menschen dazu konditioniert, den Mainstream-Gedanken zu folgen und wirkliche Verbesserungen werden kaputt geredet.

Wie schon im Kapitel vorher erwähnt, diese Sprachmuster spiegeln eine Kultur eines Unternehmens/einer Organisation wider und die "innerlichen Kündigungen" sind das Resultat.

Auch am Ende dieses Kapitels die Bitte:

Hören Sie doch mal mit anderen Ohren zu. Hören Sie die in diesem Buch beschriebenen Muster in Meetings? Gibt ein Problem mit Motivation und Eigen-

initiative in der Organisation? Wie ist die hierarchische Ausrichtung der Organisation? Vertikal? Dann haben es wirklich neue Denkweisen sehr schwer!

Alle Experten sind der Meinung....

Alle Experten sind der Meinung, dass es so ist wie es ist und in absehbarer Zeit auch keine Veränderung eintritt.

Gliedert sich seht schön in die vorgenannten Beispiele ein.

In Eskalationsstufen, oder vielleicht sogar Verzweiflungsstufen ausgedrückt:

1. Um realistisch zu bleiben....

Und trotzdem stehen Sie zu Ihrer Denkweise, Ihrem Vorschlag, also Stufe

2. Unsere Erfahrung zeigt, dass...

Auch das überzeugt Sie nicht und Sie vertreten weiterhin die Ansicht, dass etwas Anderes/Neues Erfolg bringt, jetzt kommt Stufe

3. Alle Experten sind der Meinung, dass es nur so geht

und nicht anders!

Schachmatt! Schachmatt?

Hier kommen wir wieder an den Punkt der Verpflichtung zum eigenen Schaffen und Denken.

Habe ich genug Selbstbewusstsein, meine Meinung gegen die von "Experten" zu stellen?

Wir als Mensch und als soziales Wesen sind dahingehend konditioniert, Autoritäten zu glauben und auch nicht anzuzweifeln.

Diese Tatsache ist in einer Vielzahl von Experimenten nachgewiesen worden.

Und wenn Sie mal bewusst Nachrichten hören oder schauen, sind es auch dort die Experten, mit deren Nennung zum Anfang eines Satzes die Richtigkeit der folgenden Aussage verstärkt werden soll.

Wenn Experten es sagen, ist es richtig!

Ich traue mich nicht, Expertenwissen in Frage zu stellen.

Sicherlich haben gibt es die Experten, die in Ihrem Fachgebiet über ein außergewöhnliches Wissen verfügen.

Worauf ist dieses Wissen aufgebaut? Auf Erfahrung!

Und woher kommt die Erfahrung? Aus den Ergebnissen von Experimenten unter bestimmten Rahmenbedingungen. Also von etwas, was bereits als Fakt realisiert worden ist.

Es sind die Eskalationsstufen in umgekehrter Reihenfolge!

Expertenaussagen haben meiner Ansicht nach jedoch zwei große Nachteile:

1. Die Gefahr der Fachidiotie ist sehr groß!
2. Es wird vergessen, das die Rahmenbedingungen hier und jetzt oder auch in der Zukunft anders sind als die Rahmenbedingungen in der Vergangenheit. Und damit ist auch jegliche Aussage, die sich auf Erfahrung stützt, in Frage zu stellen, bzw. die Rahmenbedingungen sind abzugleichen.

Sicherlich kann ich mit Erfahrung neue Prozesse und Denkweisen schneller realisieren. Es braucht dafür jedoch die Offenheit, neue Vorschläge oder Denkweisen mit dem Erfahrungsschatz abzugleichen und offen für neue Erkenntnisse zu bleiben.

Vielleicht ist das Ergebnis sogar, das das Konzept zu diesem Zeitpunkt nicht realistisch ist. Die Organisation hat sehr wahrscheinlich auch die ersten Hinweise gefunden, unter welchen Rahmenbedingungen das Konzept funktioniert.

Oder es wird gelernt, das das Neue und Andere wirkliche Vorteile bringt und auf Basis der jetzigen Erfahrung werden neue Erfahrung geschaffen. die für zukünftige Weiterentwicklung genutzt werden.

In beiden Fällen haben sich Organisationen mit dem neuen Thema auseinandergesetzt und es sind neue Erfahrungen dazu gekommen.

Und das ist ein Verhalten, welches Rückschlüsse auf die Bereitschaft zur Weiterentwicklung gibt.

Es ist zeitintensiver und es werden bestehende Standards hinterfragt. Werden Verbesserungen erarbeitet, wird ein neuer Standard definiert. Die Komfortzone wird wiederholt verlassen und erweitert.

Das bedeutet für Meetings, die konstruktiv und zielorientiert geführt werden sollen, ein anderes Verhalten bei Unverständnis oder Meinungsverschiedenheit.

Statt zu sagen, realistisch zu bleiben, die Hintergründe der Vorschläge kennenlernen.

Statt zu sagen, das die eigene Erfahrung dagegen spricht, die Rahmenbedingungen nennen, unter welchen die Erfahrungen gemacht worden sind.

Und statt Expertenmeinungen als Totschlag-Instrument zu nutzen, neue Wege und Ideen auf Basis des Expertenwissens überprüfen und mit den Erkenntnissen die Möglichkeiten für die Zukunft definieren.

Einfach? Nein!

Schnell? Nein!

Innovativ? Ja!

Kontinuierliche Verbesserung und stetiges Lernen? Ganz sicher!

Wir sind dafür nicht zuständig.....

Heißt, das interessiert uns gar nicht und wir haben absolut keine Intention, uns darum zu kümmern!

Dieses direkt zu sagen bedeutet natürlich, dem Gegenüber eine unmittelbare Information über unsere Richtung des Denkens und der eigenen Zielvorstellung zu geben.

Somit hat dieser Satz sowohl eine strategische wie auch eine destruktive Bedeutung.

Welche es in dem Gespräch ist, welches Sie führen, erfahren Sie aus dem Sprachverlauf!

Verläuft das Gespräch in einer konstruktiven Form, d.h. beide Parteien arbeiten miteinander und es werden Abmachungen und weitere Vorgehensweisen in beiderseitiger Zustimmung erzielt, dann wird der Satz das ausdrücken, was die Worte aussagen:

Es gibt wirklich andere Bereiche, die für das aktuelle Thema zuständig sind und die mit in die Diskussion eingebunden werden müssen.

Ist das Meeting jedoch geprägt von unterschiedlichen Auffassungen und Vorstellungen, sind die Gesprächspartner nicht in der Lage, argumentativ zu überzeugen, dann ist der Satz beginnend mit „Wir sind dafür nicht zuständig" der oft genutzte Ansatz, um das ungeliebte Thema zu beenden.

Denn, wenn ich nicht zuständig bin, dann kann ich keine Aussagen machen und wir können bitte mit einem Thema weitermachen, zu dem ich etwas sagen kann oder will!

Wie gehe ich jetzt vor?

In beiden Fällen, bei dem konstruktiven Gespräch und dem angespannten Gespräch ist die darauffolgende Frage: „Wer bearbeitet denn das Thema und kann uns helfen?"

Im konstruktiven Gespräch wird es sofort eine Antwort geben, wer dafür zuständig ist.

Dieser Bereich kann kontaktiert werden und es wird mit Einbeziehung dieses Bereiches weitergearbeitet.

Spannend wird es jetzt bei dem Gesprächsverlauf, der nicht so gut verläuft.

Meine Erfahrung zeigt, dass die Personen, die mit dem Satz ein Thema abwürgen wollen, nicht damit rechnen, eine Frage nach der Verantwortlichkeit gestellt zu bekommen.

Sie sind gedanklich schon bei dem eigenen Thema, mit dem sie weitermachen wollen.

Wenn jetzt die Frage nach der Verantwortlichkeit gestellt wird, gibt es mehrere Optionen:

1. Zögern und Unverständnis
2. Offenbarung der Unwissenheit
3. Wutausbruch und Eskalation der Situation

1. Zögern und Unverständnis

Sie haben mit Ihrer Frage „Wer kann uns denn hier helfen" das Denkmuster Ihres Gegenübers durchbrochen und er weiß nicht, was er antworten soll. Er ist jedoch gewillt, Ihnen die Auskunft zu geben, damit er nicht das Gesicht verliert.

Das braucht jedoch seine Zeit und er muss seine Gedanken neu sortieren. Nach einer kurzen Zeit wird er den zuständigen Bereich nennen.

Hier gibt es die Möglichkeit, unter Einbeziehung des zuständigen Bereichs weiterzumachen oder zumindest gemeinsame Schritte mit diesem Bereich zu planen.

2. Offenbarung der Unwissenheit

Ähnlich wie bei der Variante eins, jedoch wird hier mit offenen Karten gespielt und es wird sofort zugegeben, dass man nicht weiß, wer hier helfen kann.

Meiner Erfahrung nach dann der Fall, wenn der Gegenüber erkennt, das es für ein Weiterkommen seine Komfort-Zone verlassen muss, er aber versucht, zu vermeiden.

Dann ist der Satz „Wir sind dafür nicht zuständig.." der letzte Versuch, ein Weiterdenken in die unbequeme Richtung zu vermeiden.

Die Grundeinstellung für ein Weitergehen ist gegeben, die Bereitschaft jedoch nicht.

Hier kann die Frage nach der Zuständigkeit und dem weiteren Zusammenarbeiten wirklich neue Wege öffnen.

3. Wutausbruch und Eskalation

Das passiert, wenn Sie mit Menschen interagieren, die sehr dominant sind und die in der eigenen Organisation keine Nachfragen erfahren.

Ihr Gegenüber ist es gewohnt, das mit gemachten Aussagen das Thema beendet ist!

Sie haben mit Ihrer Nachfrage jetzt eine Grenze überschritten, die Ihr Gegenüber gewohnt ist zu nutzen.

Hier wird es jetzt laut und unsachlich.

Auf alle Fälle braucht es jetzt hier Zeit und Abstand, um überhaupt weiterzukommen.

Hier ist es von großem Vorteil, zu vertagen.

Damit haben alle Beteiligten Zeit, sich neu zu orientieren.

Zu unterscheiden ist hier die sachliche Aufteilung von Zuständigkeiten in einer Organisation und die egoistische Einstellung des Gesprächspartners.

Hören Sie in den nächsten Gesprächen mal genau hin, zu welchem Zeitpunkt der Satz „Wir sind dafür nicht zuständig..." fällt!

Dafür haben wir keine Zeit.....

Wird sehr oft mit dem vorher genannten Sprachmuster genutzt.

Es ist sehr wahrscheinlich, dass dieser Satz dann fallen wird, wenn Sie in dem Gespräch Zuständigkeiten definiert haben und damit Ihr Gegenüber nicht in seiner bevorzugten Richtung weitermachen kann. Kommen jetzt Aufgaben auf ihn zu, die er bis jetzt nicht auf seinem Radar gehabt hat, dann werden Sie hören, dass dafür keine Zeit ist. Weiter Erklärungen werden nicht gegeben.

Es gibt einen schönen Satz, der da heißt: Keine Zeit zu haben, bedeutet, dass es mir nicht wichtig ist. Sich die Zeit nehmen bedeutet, dass das Thema eine hohe Priorität in meinem Handeln und Denken einnimmt.

Wie oft sagen Sie diesen Satz: „Dafür habe ich jetzt keine Zeit"? Privat und beruflich!

Und jetzt überlegen Sie einmal, ob Sie in den meisten Fällen wirklich keine Zeit gehabt haben, oder ob Ihnen etwas anderes wichtiger war und Sie sich nicht mit Erklärungen oder sogar mit der anderen Sache beschäftigen wollten?

Da in dieser Situation keine Erklärung gegeben wird, weshalb man keine Zeit hat, ist die Enttäuschung oder das Unverständnis in den meisten Fällen sehr groß.

Denn für Ihren Gesprächspartner hat das Thema gerade eine hohe Priorität und für ihn ist es so wichtig, dass er das Thema zum Gegenstand des Gesprächs macht.

Wie gehe ich mit der Situation konstruktiv um? Wenn meine Kapazitäten so ausgelastet sind, dass dieser neue Arbeitsinhalt nicht zeitnah bearbeitet werden kann, dann nenne ich meine geplanten Aktionen sofort. Damit gebe ich meinem Gegenüber die Möglichkeit, meine Prioritäten kennenzulernen.

Jetzt haben wir die Möglichkeit, unsere Prioritäten im Sinne der Zusammenarbeit abzugleichen und die nächsten Schritte zu definieren.

Nutzen Sie den Satz „Ich habe keine Zeit" immer mit der Nennung der Gründe dafür. Denn diese Zeit muss sein, um Ihrem Gegenüber zum einem Ihre Prioritäten klar zu machen. Zum anderen aber auch, um ihn unterbewusst nicht zu verlieren. Denn das „Warum" ist für uns Menschen wichtiger als das „Was"!

Eine Erklärung dauert nur ein paar Sekunden. Nehmen Sie sich diese!

Das ist Ausdruck der Wertschätzung meines Gegenübers und heutzutage werden diese weichen Faktoren selten berücksichtigt, weil wir ja alle harte Geschäftsleute sind.

Und da sind wir alle auf Fakten fixiert!

Das geht auf Kosten von Verständnis und konstruktiver Zusammenarbeit!

Und damit geht die Effizienz verloren und wir handeln alle effektiv.

Die Direktive ist...

Die Direktive ist festgelegt und wird nicht mehr geändert.

Die Steigerung dazu ist:

Die Direktive ist von dem Herrn Überuns festgelegt und muss befolgt werden!

Wer traut sich hier noch, andere Ideen zu verfolgen? Das Denken haben schon andere übernommen und somit hat sich die Welt nicht mehr zu verändern!

Was für ein Geschäftsverhalten soll das denn sein, wenn man auf geänderte Rahmenbedingungen oder vielleicht neue Erkenntnisse reagieren muss?

Diese Art und Weise, sich über unbequeme oder neue Realitäten mit keinem Aufwand hinwegzusetzen wird nach meiner Erfahrung von Menschen gewählt, die sich als unantastbar empfinden und die mit ihrer Arbeit wenig bis gar nicht mit den realen Prozessen in Berührung kommen. Sie sind zu Hause in einer zentralen Funktion und planen Dinge, ohne diese im Vorfeld mit den Nutzern abzusprechen.

Diese Menschen meinen zu wissen, was wichtig und richtig ist. Meistens nur auf ihre (meist sehr antiquierte) Erfahrung) basierend. Sie sind entgegen ihrer Eigendarstellung als Macher jedoch Befehlsempfänger der Menschen über Ihnen und was Ihnen als Richtung vorgegeben wird, das wird ohne Wenn und Aber verfolgt. Sie fühlen sich sehr sicher in dem, was sie machen, da ja der große Schatten der leitenden Personen hinter ihnen steht. Und das heißt auch, dass jedwede Anpassung des Prozesses an geänderte Rahmenbedingungen geblockt wird. Weil dann zum ersten ein Umdenken der eigenen Pläne notwendig ist und weil zum zweiten dem oberen Management diese neuen Richtungen mit den Gründen erklärt werden müssen. Das heißt, dass die Qualität des Managements von der Direktive hin zur Kooperative geändert wird und damit die immer wieder abgleichende und informative Arbeit in den Vordergrund rückt.

Jedoch ist die Direktive sehr viel bequemer als die Kooperative!

Und um diesen Zustand zu wahren, wird demjenigen, der eine neue Information in den Prozess bringt, mit dem Satz zum Schweigen gebracht: „Die Direktive ist...“

Wie nun dieser Aussage begegnen?

Wenn man sich noch einmal den Rahmen für solch ein Gespräch vor Augen führt, dann sprechen ja Manager und leitende Personen miteinander. Und auch bei noch so autoritär handelnden Menschen ist heutzutage die Philosophie der Firmenleitung auf Einbeziehung der Mitarbeiter und Kooperation ausgerichtet. Und über allem steht der Anspruch der kontinuierlichen Verbesserung. Das ist der Punkt, an dem von Ihnen angesetzt werden kann!

Sie können bejahen, dass es eine Direktive gibt. Sie können bejahen, dass diese Direktive zu dem Zeitpunkt, als Sie herausgegeben wurde, richtig war. Und danach können Sie fragen, ob es richtig ist, das lernende Organisationen auf neue Rahmenbedingungen reagieren? Ob im Rahmen der Kontinuierlichen Verbesserung Vorgaben bei geänderten Rahmenbedingungen überprüft werden, damit das bestmögliche Ergebnis für den Bereich und damit die Firma generiert werden?

Formulieren Sie Ihre Sätze in diesem Moment ohne das Wort "Aber"! Das ist schwer, lässt jedoch ein positiv ausgerichtetes Denken bestehen. Und diese positive Denkhaltung haben Sie mit Ihrer vorherigen Bejahung der Argumente für die Direktive erzeugt. Und zwar unterbewusst. Mit Ihrer Zustimmung haben Sie Rapport aufgebaut und Ihr Gegenüber fühlt sich in seiner Denkweise positiv bestätigt.

Bleiben Sie in dieser positiv ausgerichteten Position und stellen Sie eine Verbesserung der Direktive in Aussicht, indem die neuen Informationen zur Verifizierung der Direktive genutzt werden. Mit der Nutzung von Schlüsselwörtern wie "Kontinuierliche Verbesserung", "Optimierung des Erfolgs" und "Strategische Denkweise" werden Ihrem Gesprächspartner, der in seinen festen Bahnen denkt, auf eine Art und Weise die Grenzen seiner Denkweise erweitert, wo es sehr schwer ist, nein zu sagen. Denn in dem Moment, wo er sich gegen eine Kooperation auf Basis der kontinuierlichen Verbesserung und der anderen Schlüsselwörter ausspricht, hat er sich als "Bewahrer" des Bekannten und Bequemen zu erkennen ergeben.

Eine sehr schlechte Position bei möglichen Folgegesprächen oder Eskalation auf höherer Ebene.

Stellen Sie vor, es werden Meeting Minutes verteilt, in denen steht, dass Sie sich gegen kontinuierliche Verbesserung und strategisches Handeln ausgesprochen haben, weil Sie sich auf eine Direktive zurückziehen anstatt die Aktualität der Direktive mit den neuen Informationen zu überprüfen und gegebenenfalls anzupassen!

Für Sie bedeutet das:

Bleibt Ihr Gegenüber bei seiner destruktiven Haltung, haben Sie für Gespräche auf höherer Ebene alle Möglichkeiten, ein Überdenken der Direktive und damit eine Akzeptanz Ihrer Idee mit Bezug auf bessere Ergebnisse zu besprechen. Für Ihren Gesprächspartner nicht so schön, dass er hier der Verlierer sein wird.

Machen Sie sich hier bewusst das Sie ihm im Gespräch die Brücken gebaut haben, um sich als produktiv denkender Manager zu präsentieren. Er hat seine Entscheidung getroffen, neue Möglichkeiten nicht zu berücksichtigen!

Sie haben versucht, die Möglichkeiten mit einer neu überdachten

Direktive konstruktiv zu erarbeiten. Ist nicht das Ego im Vordergrund des Handelns, sondern der Erfolg des Projekts und damit der Erfolg des Unternehmens, dann haben Sie das Recht und sogar die Verpflichtung, zu eskalieren.

Wenn in dem Gespräch zugestimmt wird, haben Sie das Heft in der Hand, wie sich ihr Projekt und Ihre Zusammenarbeit entwickelt. Da diese Kooperation auf Basis von Zuhören und Reaktion auf neue Information erfolgt ist, kann hier von der berühmten Win-Win Situation gesprochen werden. Sie arbeiten konstruktiv in eine Richtung weiter, die dem Erfolg der Sache dienlich ist.

Das war schon immer so...

Das war schon immer so und deshalb wird das auch nicht geändert!

Wir haben in der Vergangenheit so großen Erfolg mit dieser Vorgehensweise gehabt, das wir gar nicht einsehen, warum wir was verändern sollen!

Der ultimative Stopp für neue Ideen und kreative Vorschläge.

Es wird nicht erklärt, warum Vorgehensweisen nicht verändert werden. Es wird nicht erklärt, was der Erfolg in der Vergangenheit gewesen ist.

Diese Aussage offenbart die statische Ausrichtung des Denkens der

Menschen, mit denen Sie beruflich interagieren.

Für Sie wird hier sehr klar dargestellt, dass ein Weiterkommen nur in dem eingelaufenen Pfad Ihres Gegenübers möglich ist.

Denn nach meiner Erfahrung werden Nachfragen und Fragen zur weiteren Erklärung missachtet.

Die Organisation ist sich Ihres vergangenen Erfolgs so sicher und die Vergangenheit bestimmt auch das jetzige Handeln.

Was bedeutet diese Aussage für Sie?

Sie können Ihre Strategie in dem Meeting jetzt nach den Ihnen offenbarten Rahmenbedingungen auslegen!

1. Es existiert kein Verbesserungsprozess.
2. Die Ziele der Zukunft sind ausschließlich basierend auf den Resultaten der Vergangenheit gesetzt worden.
3. Das Management agiert in festen Verhaltensbahnen.
4. Standardisierung bedeutet hier genauso handeln zu müssen. Hier wird die zwingende, eingrenzende Standardisierung gelebt.
5. Neue Verfahren können nur von ganz Oben in der Organisation realisiert werden, da alle unteren Ebenen nur auf das schauen, was von den Leitenden der Organisation eingefordert wird.
6. Es wird nur das gemacht, was gefordert wird.
7. Es gibt keine Nachbetrachtung von Prozessen und wenn Ziele nicht erreicht werden, gibt es immer äußere Umstände, die daran schuld sind.

Für Ihre weitere Vorgehensweise bedeutet das, das Sie sich genau in diesen Rahmenbedingungen bewegen und Ihren Gegenüber nicht herausfordern, neue Wege gehen zu müssen.

Wenn Sie neue Ideen vorschlagen, setzen sie diese in Verbindung mit dem, was in der Vergangenheit so gut funktioniert hat.

Sie haben Erfolg, wenn Sie Schritte des Prozesses mit einer Verbindung zur glorreichen Vergangenheit schmackhaft machen können.

Ihre Vorschläge dürfen nicht revolutionär sein, sie müssen als evolutionär erklärt werden.

Denn hier wird eine Verbesserung nur akzeptiert, wenn diese Verbesserung logisch zu dem passt, was man immer so gemacht hat.

Also stehen Sie jetzt vor der Aufgabe, Ihre neuen Konzepte evolutionär zu den Prozessen Ihres Gegenübers zu präsentieren.

Sehr hilfreich sind hier gelegentliche Nachfragen, ob die vorgeschlagenen Konzepte zu den schon existierenden Prozessen passen oder was verändert werden muss, damit die neuen Prozesse in existierenden Verfahren integriert werden können.

Über all der Argumentation muss immer stehen, dass das, was man schon immer so gemacht hat, bestehen bleibt und nur durch etwas Neues ergänzt wird.

Wenn Sie die Phrase "Das haben wir schon immer so gemacht" hören, experimentieren Sie, wie Sie herausfinden können, was die Schlüsselpunkt des vergangenen Vorgehens waren und wie Sie diese Kernaussagen in Ihr Konzept der Erneuerung einbauen können.

Wir wissen am besten...

Wir wissen am besten, was hier zu tun ist!

Auch hier, ähnlich wie bei der vorstehenden Variante, ist die Bereitschaft zu Veränderung gering.

Die andere Seite des Meetings ist sich ihrer Sache sehr sicher und gibt klar zu erkennen, dass keine neuen Prozesse von außen gebraucht werden.

Wenn Sie diesen Satz in einem Meeting hören, sind Sie an einem Punkt angekommen, bei dem Ihr Gegenüber keine Kooperation möchte.

Er ist sich seiner Sache und seiner Prozesse so sicher, dass er eine Veränderung oder das Annehmen von neuen Ideen offen ablehnt.

Sie haben es hier mit offener Ablehnung zu tun!

Was heißt das für Sie?

Fragen Sie erst einmal, was die Prozesse Ihrer Gesprächspartner sind und welche Gründe es gibt, die diese Vorgehensweisen als so gut erscheinen lässt.

Fahren Sie den "Kritischen Faktor" Ihres Gegenüber herunter.

Das geht am besten, indem Sie sich, ohne Kritik, über die Prozesse informieren.

Hören Sie zu und lassen Sie Ihren Gegenüber erklären, warum die Prozesse und Vorgehensweisen keine Erneuerung oder Veränderung brauchen.

Wenn Sie diese Beschreibungen bekommen haben, fragen Sie nach den Rahmenbedingungen, in denen diese Prozesse erfolgreich waren.

Auch hier wichtig: Hören Sie interessiert und aktiv zu.

Vermeiden Sie Kritik und stellen Sie Verständnisfragen, wenn notwendig.

Wenn Sie sich einen Überblick über die Sichtweise und die Schwerpunkte des Denkens ihres Gesprächspartners verschafft haben, fragen Sie ihn nach seinen Ideen, wie er die beschriebenen Prozesse für die Zukunft vorbereiten möchte. Auch hier ist das aktive Zuhören das einzige, was Sie machen.

Haben Sie all diese Informationen erhalten, können Sie Ihre Strategie entsprechend der Informationen, die Sie erhalten haben, anpassen.

Was heißt das?

Wie bei dem letzten Sprachmuster haben Sie Erfolg, wenn Sie Ihre Ideen nicht revolutionär, sondern evolutionär zu den Erfahrungen Ihres Gesprächspartners darstellen.

Verbinden Sie ihre Vorschläge mit der erfolgreichen Vergangenheit Ihres Gegenübers.

Beispiele:

„Was Ich Ihnen jetzt vorstelle, kann als der logische nächste Schritt ihrer Prozesse angesehen werden."

„Was Sie jetzt hören, basiert genau auf den Vorgehensweisen, die Sie erfolgreich anwenden. Es wird damit bestmöglich der Einsatz in der Zukunft sichergestellt"

„Das, was sie eben geschildert haben, haben wir in ähnlicher Form auch in unserem Unternehmen praktiziert, und was ich Ihnen jetzt zeige, ist eine Weiterentwicklung dieser Prozesse. Vielleicht können Sie uns ein Feedback geben, was wir noch berücksichtigen müssen, damit wir diesen Prozess in der Zukunft erfolgreich nutzen können?"

Ein paar Beispiele, die das Grundverhalten beschreiben.

Diesem Konzept folgend bleiben Sie auf der kooperativen Ebene, das Ego Ihres Gegenübers bleibt gewahrt und Sie laden Ihn ein, mit seiner Erfahrung ihre Arbeit zu verbessern, bzw. die Vorschläge in Verbindung mit seinen Prozessen zu betrachten.

Haben Sie das schon einmal so in einem Meeting genutzt?

Warum...

Ach ja, das harmlose Wort "Warum".

Wie oft wird dieses Wort in Gesprächen genutzt und wie wenig berücksichtigen die Gesprächsteilnehmer, was dieses Wort bei dem Gegenüber auslösen kann.

Denn die Sätze, die mit „Warum" starten, rufen unterbewusst eine Verteidigungshaltung hervor.

Glauben Sie nicht? Lassen Sie uns dann gemeinsam ein paar Beispiele ansehen.

„Warum haben Sie nicht daran gedacht, dass die Prozesse eingehalten werden müssen?"

„Warum haben Sie uns die weiteren Informationen nicht gegeben?"

„Warum haben Sie das so realisiert?"

Wie wirken diese Fragen auch Sie?

In allen Sätzen schwingt im Unterton mit, das etwas nicht geliefert, etwas falsch gemacht oder etwas mutwillig unterlassen wurde.

Und das in einem anklagenden und angreifenden Ton!

Und dieses „Warum" geht uns so schnell über die Lippen.

Es fängt sehr unschuldig in der Kindheit an, wenn die Kleinen alles Neue mit „Warum" hinterfragen.

Das Wort verliert seine Unschuld dann mit der Pubertät, in der es eher herausfordernd gegenüber den elterlichen Anweisungen genutzt wird.

Und als Erwachsener ist es immer noch die schnellste Variante, etwas zu erfragen. Vielleicht auch aus dieser Entwicklung vom Kind bis zum Erwachsenen heraus.

Jedoch ist diese Art der Frage sehr direkt und vor allen Dingen sehr direkt auf Ihre Gesprächspartnerin ausgerichtet.

Er wird direkt als Quelle der fehlenden Information, der falschen Realisierung oder der falschen Vorgehensweise genannt und angesprochen.

Natürlich kann die Frage auf das Thema adressiert werden. Doch auch hier bleibt der direkte Bezug zu der Person, die sie ansprechen!

Wie sehen Varianten ohne „Warum" aus?

„Welche Gründe gibt es, dass die Prozesse nicht eingehalten werden konnten?"

„Wie kam es dazu, dass wir die weiteren Informationen nicht bekommen haben?"

„Welche Rahmenbedingungen führten dazu, das in dieser Art und Weise realisiert wurde?"

Die Themen der Sätze sind gleich, die Wirkung auf die angesprochene Person ist eine andere!

Es werden auch hier die Defizite angesprochen, jedoch ohne die Schuld mit der Frage in Richtung der anderen Person zu richten.

Es wird nach den Gründen und den Rahmenbedingungen gefragt. Ihre Gesprächspartnerin kann diese nennen, ohne durch die Fragestellung in eine Verteidigungsrolle gedrängt worden zu sein.

Sicherlich kann je nach Naturell Ihrer Gesprächspartnerin ein „Warum" direkt ausgesprochen werden.

Machen Sie sich mal die Mühe, in Ihren nächsten Meetings zu zählen, wie oft „Warum" auftaucht.

Denn die Masse macht den Unterschied aus. Hier werden durch die stetige Wiederholung der „Anklage" die Türen geschlossen und der Verteidigungsmodus aktiviert. Das kann dann Konfrontation, Diskussion und Spannungen hervorrufen, ohne das die Gesprächspartner wissen, weshalb sich das Gespräch in diese Richtung entwickelt hat.

Ich selber mache sehr positive Erfahrungen mit dem Weglassen des Wortes „Warum" bei Audits und Interviews.

Hier wurde für mich der Unterschied sehr deutlich. Bei diesen Arten der Gespräche bin ich hauptsächlich in der fragenden Rolle. Ich erfrage die Gründe, weshalb etwas so oder so gemacht, wie die Person diese Themen selber einschätzt und was Gründe für aufgetretene Probleme waren und wie diese Probleme bearbeitet wurden.

Meine Gesprächspartner bleiben locker und sie behalten im Gespräch das Gefühl, die Experten in ihre Arbeit zu sein. Themen werden hinterfragt und meine Gesprächspartner erklären die Sachlage aus ihrer Sicht. Sie fühlen sich gut.

Ich habe das Werkzeug „5xWhy" als Bestandteil der Problemlösung in der deutschen Übersetzung dieser Methode in „5xWas ist der Grund" umbenannt, wenn ich es benutze.

Auch hier der Grund, die identifizierten Probleme in der ersten Instanz von den Menschen zu trennen und auf der Sachlage zu bleiben.

Das „Finden von Schuldigen" wird vermieden und das Erarbeiten der Ursachen steht im Vordergrund.

Auch im Englischen ersetze ich das „Why" durch „What is the reason" aus demselben Grund.

Das „Warum" in der Nutzung bei solchen Gesprächen ist das beste Beispiel, wie sich Menschen direkt unangenehm angesprochen fühlen.

„Warum machen Sie das so?"

„Warum denken Sie denn, dass das der beste Weg ist?

„Warum nutzen Sie dieses und nicht jenes"

„Warum finde ich nirgendwo eine Beschreibung des Prozesses?"

Wie bei den schon vorher genannten Varianten wird die Gesprächspartnerin direkt als die Person adressiert, die für die Thematik verantwortlich ist. Die Fragen werden persönlich genommen.

Und dieses Gefühl der Verteidigung ist dann der Grund, das Menschen zögern und unsicher werden oder in die Offensive gehen und sich aggressiv verteidigen.

Noch einmal die vorstehenden Fragen ohne „Warum"

„Nach welchen Vorgaben arbeiten Sie und wo finden Wir diese?"

„Welche Erfahrungen haben Sie gemacht, dass das die beste Art und Weise ist, zu arbeiten?"

„Welche Gründe gibt es, dass Sie dieses Werkzeug benutzen?"

„Wo sind die Beschreibungen der Prozesse einzusehen?"

Überall ist das direkte Adressieren der Gesprächspartnerin ersetzt durch eine Frage auf die Sache und die Vorgaben, nach denen gehandelt werden soll.

Das interessante in Meetings ist, das Sie durch das Weglassen von dem Wort „Warum" das Gespräch intensiver führen.

Was ist der Grund?

Weil Sie mit jeder Frage nach Gründen oder Vorgaben die Richtung des Gesprächs zielgerichtet auf das zu bearbeitende Thema leiten.

Die Fragen mit „Warum" lassen dem Gefragten alle Möglichkeiten offen, zu antworten.

In den meisten Fällen ist nach der ersten Frage eine zweite Frage notwendig, weil die Antwort allgemein gehalten ist oder nicht in die Richtung der Thematik geht.

Werden die Fragen gleich zielgerichtet auf Ursachen und Gründe gestellt, werden auch gleich die Antworten entsprechend gegeben. Das spart Zeit und Energie und hilft, Gespräche sehr effizient zu gestalten.

Im besten Fall sind Sie der aktive Zuhörer, der mit seinen zielgerichteten Fragen das Thema sehr systematisch bearbeitet.

Schauen Sie sich auch noch einmal die vorstehenden Kapitel an. Warum taucht nur in diesem Kapitel auf.

Probieren Sie es einmal selber aus!

Das Problem ist.....

Diese Einleitung ist eine tolle Möglichkeit, die Grundeinstellung zur Verbesserung und zur Veränderung abzuschätzen.

Das Problem hierbei ist, das es sich um unterschiedliche Intentionen handelt, weshalb Sätze so angefangen werden!

Anders als in normalen Gesprächsverläufen bekommen Sie jetzt mehr Informationen zum Problem ;-)

- Es kann sich um Personen handeln, die nicht mehr wissen, wie sie das Thema weiterbearbeiten sollen, da sie nicht die Fähigkeiten oder Unterstützung haben, um das Problem zu lösen. Diese Menschen nutzen diese Einleitung sehr inflationär und ohne Hintergedanken. Die Körpersprache und Gestik drückt Hilflosigkeit aus (Hängende Schultern, Mundwinkel gehen nach unten, Seufzen, Hände mit Handflächen nach oben und offen nach vorne gestreckt). Diese Personen sind hilflos und haben keine Hintergedanken. Sie geben offen zu, das eigene Ideen und Kompetenzen, das Problem anzugehen, nicht vorhanden sind.

- Es kann sich um Personen handeln, die versuchen wollen, Sie mit der Nennung der Vielzahl von Problemen davon abzuhalten, das Thema weiter zu vertiefen. Diese Gesprächspartner nutzen meistens auch Einleitung wie „Das war schon immer so" und „Das haben wir immer so gemacht" zusammen mit der Nennung des Problems. Die Körpersprache hier ist selbstbewusst und von sich eingenommen (Einseitiges verächtliches Lächeln, Überhebliches Abwinken, Forderndes Schauen in die Runde). Die eigene Wahrheit ist, das nichts zu ändern ist, dass diese Probleme die Rahmenbedingungen darstellen. Bestätigt durch alle Experten des eigenen Bereichs!

- Es kann sich um Personen handeln, die mit meinem Vorschlag nicht einverstanden sind oder ihn noch nicht verstanden haben und mir die Probleme aufzeigen wollen, weshalb eine Veränderung nicht möglich ist. Weiterhin kann es sein, dass sie sicher sein wollen, das alle Aspekte berücksichtigt werden.

Weshalb sollen diese Wörter einen negativen Effekt haben?

All diese Einleitungen und Teilsätze haben eins gemeinsam. Sie dienen dazu, fehlende Erklärungen, fehlende Kompetenz, fehlende Bereitschaft oder fehlenden Weitblick zu überspielen und den Gesprächspartner in eine Ecke zu bekommen, in der ich das weitere Gespräch in meine Richtung fortführen kann. Da das vordergründige höchste Gut der heutigen Gesellschaft die Teamfähigkeit ist, hat sich auch eine Kommunikationsstruktur entwickelt, die auf gleichem Denken basiert. Neues, Anderes oder Unbekanntes wird ausgegrenzt und damit schwer zu vermitteln sein. Wer will schon im Beruf als unrealistisch gelten, über keine Erfahrung verfügen oder eine andere Meinung als ein führender Mitarbeiter haben. Diese Wörter reichen schon aus, um unerfahrene oder diskussionsscheue Menschen in die gewollten Bahnen zurückzubringen und neue Ideen oder Denkweisen zu unterdrücken oder zu verlangsamen.

Stellen Sie sich das Szenario vor, wie ein junger, gut ausgebildeter Mensch in ein Unternehmen kommt, welches streng hierarchisch und ausgerichtet auf Vergangenes geführt wird.

Er kommt in die Situation, in der er einen neuen Prozess aufgrund von seinen Kenntnissen vorschlägt und die erfahrenen Mitarbeiter ihm mitteilen, er soll mal realistisch bleiben, das hat man hier schon immer so gemacht und der Herr Überuns will das auch so!

Wie lange braucht es, dass der neue Mitarbeiter aufhört, neue Ideen weiterzugeben?

Ein halbes Jahr, drei Monate oder zwei Monate?

Egal wie lange, wenn diese neuen Ideen aufgrund von den negativen Erfahrungen nicht mehr weitergegeben werden, verliert das

Unternehmen seinen besten Verbesserungsmotor! Die natürliche Kreativität und die ungezwungenen Verbesserungsvorschläge von Mitarbeitern!

Wieso dieses Verhalten?

Schließlich wird doch als höchstes Gut eines modernen Managements die kontinuierliche Verbesserung propagiert. Jeder Mitarbeiter wird aufgefordert, an dem kontinuierlichen Verbesserungsprozess aktiv teilzunehmen.

Und wenn das nicht passiert, werden Prozesse mit Prämien und materiellen Belohnungen installiert, die die Mitarbeiter dazu motivieren sollen, Vorschläge zu machen.

Jedoch sind solche Prozesse nur so lange effektiv, bis die Mitarbeiter „satt" sind oder die Prämien nicht mehr lukrativ erscheinen.

Das ist jedoch nicht das Thema dieses kleinen Ratgebers!

Hier geht es ja um die Gesprächskultur in Meetings.

Hier kommen die Menschen zusammen, die die strategische Ausrichtung der Unternehmen bestimmen.

Hier wird das konservative Verhalten nicht nur geduldet, sondern im großen Stil praktiziert und zum eigenen Vorteil, dem Erhalt der eigenen Komfortzone, aufrechterhalten.

Und in den Meetings der Ebenen, die die Richtungen vorgeben, wird taktiert, negativ manipuliert oder politisch agiert.

Was heißt negativ manipuliert? Ist Manipulation nicht an sich schon negativ behaftet?

Aus meiner Sichtweise heraus nicht. Mit jeder Interaktion mit anderen Menschen manipuliere ich.

Ich manipuliere ein Verhalten, das ohne mein Agieren nicht zustande gekommen wäre. Durch das Gespräch, durch eine gemeinsame Aktion erhält mein Partner neue Informationen, die er annehmen kann und damit für sich eine neues Verhalten/Denken erzeugt. Oder er lehnt die neuen Erkenntnisse ab und verhält sich mit dem Wissen der Abneigung konsequent in die Richtung seiner Meinung, vielleicht nur noch konsequenter.

Der Grund? Die Angst vor dem Verlust der persönlichen Komfortzone. Ich habe mein Wissen, ich kenne die Denkweise meiner Vorgesetzten, ich möchte mich nicht weiterentwickeln. Mein Ego sagt mir, das andere sich nach mir richten sollen, da ich das System kenne und weiß, wie das Unternehmen funktioniert.

Jeder, der eine andere Meinung hat, stellt meine Erfahrung in Frage und das ist nicht akzeptabel.

Schauen Sie einmal mit diesen Augen auf die Meetings und bilden Sie sich ihre Meinung.

Bin ich negativ manipulativ oder nur realistisch in der Beurteilung der vorherrschenden Gesprächskultur?

Das ist Ihre Entscheidung mit den Erfahrungen, die Sie machen.

Manipulieren heißt, jemandem etwas in die Hand zu geben, mit dem er dann arbeiten kann. Und das ist der Fall in jedem Meeting.

Ich möchte Sie bitten, mit mir zusammen auch eine Definition der Motivation zu betrachten.

Motivation

*Motivation ist ein aktueller Prozess, der durch die Anregung eines Motivs aus-
gelöst wird. Während ein Motiv als eine überdauernde Eigenschaft einer Person
definiert wurde, ist Motivation ein Zustand einer Person zu einem bestimmten
Zeitpunkt, d.h. in einer bestimmten Situation. Daher definiert Graumann Motivation 1969 auch als "Wechselwirkung zwischen motiviertem Subjekt und
motivierender Situation". Heckhausen schreibt 1989: "Motivation ist eine mo-
mentane Gerichtetheit auf ein Handlungsziel, eine Motivationstendenz, zu deren Erklärung man die Faktoren weder nur auf Seiten der Situation oder der
Person, sondern auf beiden Seiten heranziehen muss."*

*Das Konzept der Motivation wird meist zur Handlungserklärung herangezo-
gen. Motivation wird dann als Produkt von "Erwartung" und "Wert" aufge-
fasst. Mit "Erwartung" ist die subjektive Wahrscheinlichkeit gemeint, mit der
man sein Ziel erreichen kann. Mit "Wert" ist die subjektiv eingeschätzte Wertigkeit des angestrebten Ziels gemeint. Sprich: Je wahrscheinlicher mir die Zielerreichung erscheint und je wichtiger mir das Ziel ist, umso mehr werde ich
motiviert sein. Mit dieser "Rechnung" kann man also erklären, warum sich
eine Person für eine bestimmte Handlung entschieden hat, eine alternative
Handlung dagegen unterlassen hat. Beispiel: Michaela hat sich für ein Päda-
gogik-Studium entschieden, obwohl ihr Interesse für Medizin eigentlich etwas
größer ist. Aber weil sie einen Erfolg im Medizin-Studium als sehr unwahr-
scheinlich eingeschätzt hat, hat sie sich doch für Pädagogik entschieden. In diesem Beispiel hat also die Variable "Erwartung" letztlich den Ausschlag gegeben.*

Volition

Mit Volition bezeichnet man grob gesagt das, was sich - zeitlich gesehen - zwischen der Motivation und der Ausführung der Handlung abspielt: Wenn man gerade motiviert ist, Leistung zu erbringen, muss man ja erst einmal überlegen, wie man Leistung erbringen kann: Man muss eine Intention fassen, d.h. eine konkrete Handlung planen. Außerdem muss man diese geplante Handlung auch in die Tat umsetzen, man muss sich "aufraffen" und beginnen. Motiviert kann man zu vielem sein - aber ob und wann man der Motivation auch nachkommt, ist eine ganz andere Frage. Volition definiert dementsprechend Heckhausen 1989 als "Bildung einer Intention sowie die postintentionalen Phasen vor und nach einer Handlung". Volition entspricht in etwa dem, was wir im Alltag als "Willenskraft" bezeichnen.

(http://www.psychologie.uni-heidelberg.de/ae/allg/lehre/wct/m/M01/M0102beg.htm)

Als Vorgesetzter sind Sie in der Position, dass Sie Ihre Mitarbeiter motivieren.

Reicht das aus?

Wie geschieht eine Motivation, wenn der Grundgedanke ist:

„Mal schön realistisch bleiben...".

In vielen Vorträgen werden die „motivierten Mitarbeiter" genannt.

Was für eine Motivation haben diese denn?

Wie in der Definition der Motivation beschrieben, kann man zu vielem motiviert sein.

Seine Komfortzone zu behalten ist auch eine Motivation.

Sich nicht verändern zu wollen, ist auch eine Motivation.

Und die Willenskraft, genau dieser Motivation zu folgen, ist nach meiner Erfahrung eine Denkweise, die heutzutage im Zusammenarbeiten vorherrscht.

Und basierend auf dieser Grundeinstellung werden dann die vorher beschriebenen Gesprächsmuster benutzt, um negativ zu manipulieren.

Ich gebe Dir jetzt etwas an die Hand, mit dem Du arbeiten musst:

„Wir wollen uns nicht verändern und damit musst Du klarkommen! Das sagen wir dir nicht direkt, Du wirst es jedoch unterbewusst oder auch bewusst merken."

Und dieses Verhalten habe ich nicht nur in Meetings festgestellt, sondern auch in Workshops und Trainingsveranstaltungen für Manager.

Gerade in Verbesserungsworkshops und in Weiterbildungen ist diese Denkweise sehr gut zu beobachten.

In den Verbesserungsworkshops kann dieses Verhalten schon von den Mitarbeitern praktiziert werden, wenn die Kultur des Unternehmens konservativ ausgerichtet ist.

Was passiert hier?

Wie gesagt, die Kultur des Unternehmens ist dahingehend ausgerichtet, dass alles Neue gefährlich und problematisch ist.

Es bedeutet Lernen, es bedeutet Vermitteln, es bedeutet Erklären!

Jetzt haben Sie Vorgesetzte, die ihren Bereich im Griff haben, so wie er ist.

Probleme können mit Erfahrung und Mehraufwand kontrolliert werden. (Ich sage extra nicht gelöst oder mit geprüften Gegenmaßnahmen systematisch unter Kontrolle gebracht!)

Dieses Verhalten wird von den Mitarbeitern übernommen! Da es vorgelebt wird!

Stellen Sie sich jetzt vor, das Mitarbeiter als Teilnehmer für einen Verbesserungsworkshop benannt werden.

Wie werden diese Mitarbeiter vorbereitet?

Gar nicht oder noch viel schlimmer mit der Vorgabe dafür zu sorgen, das so wenig wie möglich geändert wird und wenn es geändert werden soll, das die Verantwortung dafür in einem anderen Bereich liegt.

(„Bleib realistisch...“; „Das machen wir schon immer so...“; „Dafür sind wir nicht zuständig....“)

Gute Voraussetzungen für einen effizienten Workshop sehen anders aus!

Diese Mitarbeiter und Vorgesetzte sitzen nun in einer Veranstaltung, die offen ausgesprochen eine Bedrohung für sie ist. Wenn diese Veranstaltung erfolgreich ist, ist die Komfortzone verschwunden und es gibt jede Menge neue Themen, die ausgearbeitet und eingeführt werden müssen!

Sie leiten jetzt diesen Workshop und ich bitte Sie, sich das folgende Szenario so realistisch wie möglich vorzustellen:

Sie sind hoch entschlossen, einen Workshop zu leiten, der viele Möglichkeiten zur Verbesserung generiert! Sie sind überzeugt von den Werkzeugen der Verbesserung und Sie sind Experte in der Anwendung und im theoretischen Wissen.

Sie sind sehr gut in dem, was Sie machen!

Sie kommen in einen Raum mit zehn Personen!

Die Tische sind in U-Form aufgebaut und sie stehen zu diesem Zeitpunkt an der offenen Seite der Tischformation.

Die Vorgesetzten telefonieren, obwohl Sie den Raum betreten haben und die Mitarbeiter sitzen mit verschränkten Armen, die Stühle von den Tischen entfernt, die Beine verschränkt und den Oberkörper nach hinten gelehnt, an ihren Plätzen.

Stellen Sie dieses Bild so realistisch wie möglich vor. Immer im Bewusstsein, das diese Personen ihre Potentiale zur Verbesserung kennen und im Workshop offenbaren sollen.

Wie fühlen Sie sich?

Bemerken Sie diese Körpersprache und das Verhalten oder ist das für Ihr Umfeld, in dem Sie arbeiten, normal?

Was wird bei Ihnen emotional ausgelöst?

Unsicherheit, Ärger oder ist es Ihnen egal, wie sich die Personen im Raum verhalten?

Sie haben Ihre Standarderöffnung für einen solchen Workshop und diese nutzen Sie jetzt unbeirrt.

Vorstellung der eigenen Person, Vorstellungsrunde der Teilnehmer, Ziel des Workshops, Werkzeuge für den Workshop.

UND START.

Wie sehen Sie die Erfolgschancen dieses Workshops?

Das gleiche Szenario können Sie auch auf eine Weiterbildungsveranstaltung für Manager anwenden.

Hier sind die Voraussetzungen für eine wirkliche Annahme des Gelehrten ebenfalls sehr schlecht, wenn die Kultur des Unternehmens auf „Bewahren von Gepflogenheiten" ausgerichtet ist. (Auch hier spreche ich extra nicht von Prozessen!)

Geschult wird das mittlere und untere Management und es werden **DISC, SMART**, Lomminger Kompetenzen und vieles mehr an einem oder an mehreren Tagen in Schulungsräumen vorgestellt.

Dann werden die Teilnehmer wieder in ihren Alltag entlassen mit der Annahme, dass das Gelernte angewendet wird.

Da wir uns auch hier in einem konservativen Unternehmen befinden, können wir uns hier die Vorbereitung entsprechend vorstellen:

Die Vorgesetzten müssen Personen bestimmen, damit die festgelegte Anzahl an Personen für die Weiterbildung pro Bereich erreicht wird.

Sehr wahrscheinlich ist, dass auch die Vorbereitung auf diese Weiterbildung gar nicht passiert oder sogar schon in der folgenden Art und Weise:

„Geh mal hin und hör dir das an. Das meiste davon funktioniert gar nicht und wir haben dafür sowieso keine Zeit."

Natürlich beschreibe ich hier die Konstellationen sehr schwarz und weiß!

Natürlich gibt es Vorgesetzte, Manager und Direktoren, die ihre Bereiche ausgerichtet auf Verbesserung leiten.

Und genau diese Personen sind die Gesprächsteilnehmer, die mit den in diesem Buch beschriebenen Sprachmustern konfrontiert werden!

Wenn die offene und auf Veränderung ausgerichtete Kultur nicht von der Leitung vorgelebt wird, werden sich die Ebenen darunter entsprechend positionieren und handeln.

Wie damit umgehen?

Meinen Ansatz möchte ich Ihnen auf den folgenden Seiten vorstellen.

„Das MeGaA-Management (Mach etwas Gutes aus Allem)"

Auf den vorhergehenden Seiten habe ich Ihnen Varianten von Gesprächsentwicklungen gezeigt, die Sie unterbewusst in Ihrer Reaktion beeinflussen oder auch bewusst verunsichern, verärgern oder einschüchtern.

Wie sich darauf vorbereiten und welche Möglichkeiten der Reaktion gibt es?

Die Vorbereitung:

Bei der Vorbereitung auf ein Meeting ist es sehr lehrreich, wenn folgende Fragen im Vorfeld für sich selbst beantwortet werden:

1. Welches Ziel habe ich?

2. Welche Ziele haben die Personen geschäftlich in der gemeinsamen Sache?

3. Welche „versteckten" privaten Ziele können die Anderen haben?

4. Wie haben sich die Gesprächspartner in den anderen Meetings verhalten?

5. Wie konservativ ist das Geschäftsverhalten und wie reagiere ich auf die Aussage, dass das doch immer schon so gemacht wurde?

6. Bei welchem meiner Vorschläge kann ich aufgefordert werden, realistisch zu bleiben und welche Antwort kann ich darauf geben?

7. Bei welchen Thema können andere Zuständigkeiten ins Spiel gebracht werden und wie kann ich damit umgehen?

Diese sieben Fragen in der Vorbereitung und auch in Pausen der Gespräche innerlich beantwortet helfen Ihnen, die Qualität ihrer Gesprächsführung zu verbessern.

Über all diesen Fragestellungen steht die eine Aussage: Mach etwas Gutes aus Allem! (MeGaA).

MeGaA ist Ihr Fixpunkt, an dem Sie sich ausrichten und den Sie so oft wie möglich erreichen möchten!

Werden Sie ihn immer erreichen? Nein!

Wenn Sie dieses Prinzip anwenden, haben Sie Möglichkeiten für sich mental bearbeitet, Ihre realen Reaktionen in den Gesprächen mehr und mehr auf die Sache auszurichten.

Sie haben für sich im Vorfeld schon die möglichen negativen Manipulationsversuche Ihrer Gesprächspartner bewusst gemacht und können entsprechend agieren.

Ihre Art und Weise der Gesprächsführung wird taktisch bestimmt.

Standardisieren Sie diese Denkweise und Sie fangen an, Gesprächs-Schach zu spielen.

Sie planen Ihr Vorgehen systematisch, lassen mögliche Reaktionen vor Ihrem inneren Auge ablaufen und können dabei schon Ihre eigene Gefühlswelt kennenlernen.

In der Hypnose wird sehr intensiv damit gearbeitet, dass sich die Klienten Szenerien vorstellen, in denen Sie ihr Ziel erreicht haben!

Rauchfrei leben, Gewichtsabnahme, privater/sportlicher/beruflicher Erfolg.

In der Dialog-Hypnose wird der Klient gebeten, sich selbst zu sehen, wie er sein Ziel erreicht

Sobald der Klient aktiv bestätigt, sich selber bei dem Erreichen des Zieles zu sehen, hinterfragt der Hypnotiseur mit offenen Fragen, wie der Klient sich fühlt, was er sieht, was für Emotionen er beschreiben kann.

Diese Erfolgsgefühle werden genutzt, um für den Klienten „Anker" zu setzen.

Und jetzt bitte ich Sie:

Lesen Sie die 3 nachstehenden Aufforderungen, schließen Sie dann die Augen und stellen Sie sich die Szene so realistisch wie möglich vor.

Wenn Sie sich die Szene so realistisch wie möglich vorgestellt haben, öffnen Sie die Augen wieder, bitte!

1. Stellen Sie sich eine Gesprächssituation vor und präsentieren Sie neue Ansätze.

2. Stellen Sie sich vor, wie Ihre Gesprächspartner versuchen, die notwendigen Veränderungen des Verhaltens abzuwenden. (Bleiben Sie realistisch, das haben wir schon immer so gemacht, dafür sind wir nicht zuständig)

3. Stellen Sie sich vor, wie Sie zielgerichtet auf diese Aussagen reagieren!

Was haben Sie gesehen? Was haben Sie gehört? Was haben Sie gerochen? Was haben Sie geschmeckt? Was haben Sie gefühlt?

All diese mentalen Erfahrungen ihrer Sinne hilft Ihnen, sich auf die reale Situation vorzubereiten.

Ähnlich wie Spitzensportler, die vor wirklichen Wettkämpfen mental die Abläufe und möglichen Situationen durchspielen.

Sie stimmen sich auf den Erfolg ein, sie sehen, was sie machen müssen, damit Sie erfolgreich sind.

Vor allen Dingen erreichen Sie Ihr Ziel!

Was ist der Grund, das diese Vorbereitung für ein berufliches Interagieren nicht genutzt wird?

Welche Vorteile kann es bringen, sich so auf Berufssituationen vorzubereiten?

Probieren Sie es aus!

Sie sind im Meeting und Sie hören die in dem Buch beschriebenen einleitenden Wörter.

Sie brauchen Zeit, Sie müssen sich neu ausrichten, Sie brauchen mehr Informationen?

Es gibt eine Frage dafür:

„Wie meinen Sie das?"

Lassen sie uns das mit ein paar Varianten durchspielen!

Bleiben Sie realistisch....
Wie meinen Sie das?

Das haben wir schon immer so gemacht...
Wie meinen Sie das?

Und der Herr Überuns möchte das auch...
Wie meinen Sie das?

Dafür sind wir nicht zuständig?
Wie meinen Sie das?

Sie sehen, diese Frage passt!

Und zwar zu jeder Aussage. Das Gute ist, das diese sehr einfache Reaktion Ihren Gegenüber automatisch dazu bringt, Ihnen weitergehende Informationen zu liefern.

Anstatt das Sie sich überlegen müssen, wie Sie mit der ablehnenden oder blockierenden Aussage umgehen, lassen Sie nach weitergehenden Begründungen suchen.

Damit haben Sie Zeit, sich Ihre nächsten Schritte zu überlegen und zusätzlich bekommen Sie weitere Informationen, was hinter der Aussage Ihres Gesprächspartners steht.

Wichtig ist für Sie, dass nach der Frage Ihr Gegenüber redet.

Auch wenn es eine Zeit lang ruhig ist und niemand spricht!

Wir haben die Tendenz, das wir Schweigen brechen wollen, weil es für alle Beteiligten unangenehm ist.

Hier ist es Ihr Vorteil, wenn Sie es schaffen, zu warten, bis Ihr Gesprächspartner antwortet.

Und der Vorteil ist es doch, den wir in einem Meeting suchen.

Wann treffen sich Abteilungen denn zu einem Meeting, wann treffen sich Vertreter von Firmen und Verbänden zu einem Meeting?

Wenn es gilt, Entscheidungen zu treffen, die die Zusammenarbeit in der Zukunft definieren, erleichtern oder ermöglichen.

Und jede Partei, die in diesen Gesprächen teilnimmt, will für sich das maximale Ergebnis herausholen.

Bloß was ist das maximale Ergebnis?

Ist meine Denkrichtung konservativ, möchte ich mich in meinem Zutun zur Zielerreichung so wenig wie möglich verändern.

Ist meine Denkrichtung innovativ, möchte ich den bestmöglichen Prozess mit allen notwendigen Veränderungen erarbeiten.

Vielleicht warten Sie jetzt auch auf das vielzitierte WIN-WIN als oberstes Ziel von Verhandlungen.

Wenn überhaupt ist das meiner Erfahrung nach bei Konstellationen möglich, bei denen alle Partner innovativ ausgerichtet sind.

Ein konservativ, bewahrend denkender Teilnehmer zerstört jede Möglichkeit, sich auf den bestmöglichen Prozess zu einigen.

Meine Definition ist folgende:

Innovativ sein bedeutet, sich auf Personen und den Prozess zu konzentrieren um ein nachhaltiges Ergebnis zu bekommen.

Es werden die Zielzustände definiert, der Ist-Zustand der Möglichkeiten von Personen und Abteilungen wird aufgenommen und es werden Schritte definiert um die Ziele zu erreichen.

Konservativ sein bedeutet, sich auf Gründe zurückzuziehen, weshalb man sich nicht verändern kann und es werden Ziele festgelegt, die ohne wirkliche Veränderung zu erreichen sind. Das Resultat steht im Vordergrund, jedoch mit der möglichst geringsten Veränderung.

Konservativ denkende Gesprächspartner werden die Satzanfänge verwenden, die wir uns auf den vorangegangenen Seiten angeschaut haben.

Natürlich kennen gerade diese Gesprächspartner die Schlagwörter, die in Gesprächen gerne gehört werden. Diese kommen dann vor dem „Aber".

Beispiele:

„Natürlich wollen wir das optimalste Ergebnis, aber wir müssen auch realistisch bleiben!"

„Wir verbessern uns kontinuierlich weiter, aber es gibt Prozesse, die wir schon immer so gemacht haben und die bestehen bleiben müssen.

„Die Entwicklung unserer Mitarbeiter ist eine unserer höchsten Prioritäten, aber Sie sind sicherlich auch er Meinung, dass die jetzige Situation schlechte Voraussetzungen bietet. Wir müssen realistisch bleiben und die Direktive ist, andere Dinge zu priorisieren."

Schon einmal in dieser Art gehört?

Wenn ja, dann wage ich die Prognose, dass das Ergebnis dieses Gesprächs viel Raum für Verbesserung hatte und Sie unzufrieden aus diesem Meeting gegangen sind!

Jetzt erinnern Sie sich an die eine Frage: „Wie meinen Sie das?"

Sie passt auch hier auf alle drei Aussagen und gibt Ihnen den Vorteil, dass ihre Gesprächspartnerin Ihnen diese Aussage mit weiteren Details erklären wird, was Ihnen die Möglichkeit gibt, die Grundursachen für das Verhalten kennenzulernen und das Gespräch auf eine Ebene zu bringen, die Klarheit über die Intention der Gesprächspartner bringt.

Eigentlich etwas Gutes, oder?

Leider nur für Menschen, die noch die Fähigkeit besitzen, sich weiterzuentwickeln und die entsprechenden Verläufe von Gesprächen für sich als wertschöpfend ansehen.

Für die „Bewahrer des Ist-Zustands" sind Sie eine große Gefahr und Sie werden als Rebell abgestempelt werden.

Denn Sie hinterfragen Aussagen, die sonst von niemandem bemerkt werden.

Sie fordern Details, über die sich die konservativen Gesprächspartner keine Gedanken machen müssen. Die entsprechenden Sätze reichen normalerweise aus, um neue Ideen wegzuwischen.

Ich möchte Sie an dieser Stelle darauf vorbereiten, dass Sie in einem konservativen Umfeld als unbequem gelten werden, sollten Sie sich dafür entscheiden, den Erfolg des Projekts und der Sache in den Vordergrund zu stellen!

Ihre Vorgehensweise wird Ihren Gesprächspartnern den Spiegel vorhalten und ihre Selbsteinschätzung gerät ins Wanken.

Sie fordern eine Denkweise zu Prozessen und Verhaltensweisen ein, die außerhalb des Standards der konservativen Denkweise liegen.

Und da das der Standard des Bereichs oder des Unternehmens ist, verhalten sich die konservativ denkenden Manager und Mitarbeiter gemäß der Standards und Sie, geehrter Leser, verhalten sich falsch!

Ihre Gesprächspartner sind durch ihre Erfahrungen der Vergangenheit konditioniert und deren Verhaltensmuster haben sich entsprechend entwickelt.

Hier komme ich noch einmal auf die Beziehung Bewusstsein-Kritischer Faktor-Unterbewusstsein vom Anfang zurück.

Ihre Gesprächspartner haben unterbewusst Glaubenssätze entwickelt, die ihnen in ihrem Umfeld ein komfortables Leben ermöglichen.

Die daraus resultierenden Verhaltensmuster passen perfekt in ein Umfeld, welches sich nicht verändert. Deswegen sind die Glaubenssätze ja auch auf „Bewahren" ausgerichtet!

Der kritische Faktor, der „Türsteher", lässt nur Gedanken durch, die zu den Glaubenssätzen passen.

Es gibt ja auch das Sprichwort: „Gleich zu Gleich gesellt sich gern!"

Das gilt auch für unsere Gedankenwelt!

Was in unser Denkschema passt, wird unreflektiert aufgenommen, andere und neue Denkweisen werden erstmal kritisch betrachtet und abgeschmettert.

Das bedroht unsere Realität des Lebens und des Handelns, weil unsere Prinzipien in Frage gestellt werden.

Und die Chance ist groß, dass die Glaubenssätze des Berufslebens perfekt zu denen passen, die wir in unserem privaten Leben entwickelt haben.

Welche Richtlinien und Denkweisen haben mir meine Eltern mit auf den Weg gegeben?

In meiner frühen Jugend wurde mir folgendes gesagt:

„Mach immer das, was der Lehrer sagt"

„Pass immer auf und mach keinen Unsinn"

Für mein Verhalten außerhalb der Schule sind mir folgende markante Sätze in Erinnerung geblieben:

„Lass Dir nichts gefallen und wehr Dich!"

„Keiner darf Dich herum schubsen und Dich zu etwas zwingen!"

„Keiner darf Dich ungerecht behandeln!"

Aus der heutigen Sicht betrachtet, ein interessanter Gegensatz!

Im „Beruf" nicht auffallen und gehorchen, im Privatleben für meine Rechte einstehen!

Als es dann in die Lehre und in das Berufsleben ging, waren die Ratschläge:

„Mach immer das, was der Meister sagt!"

„Fall bloß nicht auf und mach Deine Arbeit, dann hast du ein ruhiges Leben!"

„In der Firma ist es wichtig, keine Widerworte zu geben!"

„Der Meister hat immer Recht!"

Also ähnlich wie in der Schule waren hier die Ratschläge sehr konservativ ausgerichtet.

Passen diese Ratschläge nun genau in die Denkweise und in das Naturell des jungen Menschen, werden die konservativen Glaubenssätze schon sehr früh entwickelt.

Und meine Eltern hatten recht!

Ich hatte kein ruhiges Leben, weil für mich die Ratschläge des Privatlebens in allen Lebenslagen mehr Sinn machten.

Ich habe Anweisungen hinterfragt, wenn diese nicht klar waren.

Ich habe meinen Meister angesprochen, wenn ich eine andere Arbeitsweise als effizienter eingeschätzt hatte.

Das heißt nicht, das ich immer negativen Stress hatte und Repressalien der Vorgesetzten ausgesetzt war.

Ich hatte hier Glück, denn meine Vorgesetzten hatten auch eine andere Sichtweise akzeptiert und angenommen.

Und ich durfte meine Ideen auszuprobieren. Ich durfte neue Sachen umsetzen!

Ich habe gelernt, das anderes Denken sehr wohl Erfolg haben kann und oft neue Möglichkeiten eröffnet.

In letzter Konsequenz schreibe ich deswegen diese Zeilen!

Wenn sich jedoch für Menschen der konservative Weg als der richtige herausstellt und sie in ein Unternehmen kommen, das konservativ geführt wird, werden die Glaubenssätze noch mehr bestätigt und man fügt sich perfekt in die Kultur des Unternehmens ein.

Der Herr Überuns will das so, wir haben das schon immer so gemacht und wir müssen realistisch bleiben, weil die Experten sagen, dass das richtig ist.

Das ist dann die Realität, die das Handeln bestimmt und ausrichtet!

Und in letzter Konsequenz heißt das für Sie, lieber Leser, dass ein für Sie nicht erklärbares Verhalten hinsichtlich Veränderung über die Persönlichkeit Ihres Gesprächspartners hinaus den Grund in der durch das Unternehmen geförderten Kultur des Bewahrens der Komfortzonen hat.

Was das Thema nicht einfacher macht, denn das Eigenbild sowohl der Person als auch der Organisation wird ein anderes sein.

Wenn Sie die Möglichkeit haben, sich im Vorfeld ein Bild über die Firmenkultur Ihres Gesprächspartners zu machen, können Sie Ihre eigenen Ziele entsprechend setzen und den Level der Möglichkeiten im Vorfeld des Gesprächs bestimmen.

Und wie können Sie die Informationen über eine existierende Kultur bekommen?

Es gibt bestimmte Schlüsselwörter, mit deren Thematisierung Sie sehr gute Einblicke in die vorherrschende Kultur bekommen:

1. Standardisierung
2. Problemlösung

Wenn Sie in den Vorgesprächen das Thema auf diese Begriffe lenken, werden Sie sehr schnell und sehr eindeutig die vorherrschende Denkrichtung kennenlernen!

Wichtig hierbei, dass sie beiläufig auf die Themen zu sprechen kommen, damit Ihr Gegenüber spontan antwortet.

1. Standardisierung:

Dieser Begriff stellt den Grundbaustein für eine proaktiv ausgerichtete Organisation dar.

Und für ein konservativ geführtes Unternehmen ist es das Instrument des Stillstands und der Vermeidung.

Wie kann das sein?

In einer proaktiv denkenden und sich verbessernden Organisation ist der Standard das Instrument, mit dem negative und positive Abweichungen zum definierten Standard gesehen werden können.

Der Standard wird kontinuierlich weiterentwickelt und den sich ändernden Rahmenbedingungen angepasst, damit die Tätigkeiten in der bestmöglichen Art und Weise in Bezug auf Qualität, Kosten und Lieferbedingungen durchgeführt werden kann.

Der Standard wird Ihnen in diesen Organisationen als elementarer Baustein vorgestellt werden.

In einem konservativ geführten Unternehmen werden Ihnen Standards als die in Stein gemeißelten Vorgaben dargestellt werden, die von niemandem in Frage gestellt werden dürfen.

Jeder hat sich an die Standards zu halten, Veränderungen sind nicht erlaubt und nicht gewollt.

Nicht die Effizienz und stetige Anpassung steht im Vordergrund, sondern die Einhaltung der Standards.

Andere Denkweisen sind nicht gewollt und werden von den Vorgesetzten und den Mitarbeitern mit entsprechender Aussage unterbunden:

„Das ist nicht nach Standard!"

Wenn Sie den Standard ansprechen, werden Sie schnell erkennen, ob der Standard als festes Korsett definiert ist oder ob der Standard die Grundlage für eine stetige Weiterentwicklung ist.

2. Problemlösung:

Bei den sich weiterentwickelnden Unternehmen werden Sie schnell erfahren, das jede Abweichung vom Standard eine Problemlösung nach sich zieht.

Hier ist ein großes Interesse darauf ausgerichtet, das die Grundursache für das Problem gefunden wird und Gegenmaßnahmen eingesetzt werden. Die Vorgesetzten sind stark in die Problemlösung eingebunden.

Die Problemlösung startet unmittelbar, wenn das Problem aufgetreten ist!

Die Problemlösung gehört in den normalen Arbeitsprozess!

Bei den starren Unternehmen werden Sie etwas hören, was ungefähr in die Richtung geht: „Das Problem ist, das wir für Problemlö-sung keine Zeit haben, zu viele unterschiedliche Parteien im Thema arbeiten und deswegen keine Probleme zugewiesen werden können."

Höchstwahrscheinlich gibt es für die Problemlösung eine Taskforce mit Spezialisten, die sich auf Anfrage der Abteilungen oder auf Anforderung des Oberen Managements mit den Problemen beschäftigt.

Auf jeden Fall ist die Lösung von Problemen kein Bestandteil des Tagesgeschäfts.

Bei der Problemlösung werden Sie entweder erfahren, wie das Unternehmen Probleme als Chance begreift, sich weiterzuentwickeln oder Sie werden schnell sehen, das Probleme weitergereicht werden und Maßnahmen eingeleitet werden, das Problem zu umgehen anstatt es zu lösen.

Oder es wird in vielen Fällen keine strukturierte Problemlösung geben.

Die Phrase „Das Problem ist..." jedoch wird am meisten von Ihrem Gegenüber gebraucht.

Wenn Sie in Gesprächen zur Vorbereitung oder Bereitstellung von Daten und Informationen in den Nebensätzen auf die Themen Standardisierung und Problemlösung zu sprechen kommt, gibt es sehr schnell Erkenntnisse, wie die Organisation Ihres Gesprächs-partners mit diesen Themen umgehen.

Energie folgt der Aufmerksamkeit

Diesen Satz habe ich in einem Buch von Thorsten Havener gelesen und ich werde ihn nie mehr vergessen.

Lassen Sie diesen Satz einmal wirken!

Was heißt es in dem Zusammenhang der vorgenannten Gesprächsmuster und den beschriebenen Möglichkeiten, mit unfairen und unehrlichen Verhaltensweisen in Meetings und Gesprächen umzugehen?

Es gibt in der Lehre der Deutung der Körpersprache und bei den Systemen, mit denen die Unwahrheiten bei Gesprächen entdeckt werden, eine wichtige Gemeinsamkeit: „Um überhaupt in der Lage zu sein, Körpersprache und Aussagen zu bewerten, ist eine Kenntnis des normalen Verhaltens notwendig."

Das heißt, nur wenn Sie das normale Verhalten Ihrer Gesprächspartner kennen, werden Sie unfaires Verhalten oder eine versteckte Agenda mit eigenen Zielen erkennen!

Mit diesem Wissen bekommt "Smalltalk" eine andere Bedeutung und Wertigkeit!

Hier besteht die Möglichkeit, mit den Menschen über Dinge zu reden, die sie richtig interessieren und bei denen sie richtig aufblühen.

Ich lerne das Verhalten meiner Gegenüber kennen, wenn sie sich sicher fühlen.

Ich lerne ihr Grundverhalten kennen!

Und mit diesem Wissen kann ich Gespräche anders deuten und mit der Hilfe der beschriebenen Sprachmuster die Bereitschaft zur Zusammenarbeit oder Veränderung bewusst einschätzen.

Wenn Sie eine weitergehende Möglichkeit suchen, die Aussagen Ihrer Gesprächspartner nachhaltiger zu analysieren, nehmen Sie die Möglichkeit der zwanglosen Gespräche als Basisverhalten-Gespräche an.

Achten Sie auf Mimik, Gestik und Sprachmuster-Gebrauch, um Ihren Gegenüber in seinem Verhalten kennenzulernen.

In den Meetings und Geschäftsgesprächen haben Sie für sich somit die Möglichkeit geschaffen, ein abweichendes Verhalten mit der Nutzung der ausweichenden, angreifenden oder verzögernden Sprachmuster zu erkennen und für sich die weiteren Schritte mit diesem Wissen zu planen.

Wie schon gesagt, die Energie folgt der Aufmerksamkeit.

Und wenn Ihre Aufmerksamkeit darauf ausgerichtet ist, erfolgreich aus den Meetings zu gehen, generiert Ihnen dieses Vorgehen neue Denk- und Verhaltensweisen.

Es wird schlimmer, bevor es besser wird.

Ich wünsche Ihnen, dass Sie dieses bewusste Erkennen der negativ manipulierenden Sprachmuster mit großem Erfolg anwenden und Sie in der Lage sind, Meetings und Absprachen zu Ihrer Zufriedenheit und zum Erfolg des Projekts und der Firma durchführen zu können.

Es besteht eine große Chance, dass Ihnen dieses neue Erfahren der eingeschliffenen negativen Sprachmuster sehr zu schaffen macht!

Was ist der Grund dafür?

Stellen Sie sich vor, Sie sind in einem Gespräch und alle zwei Minuten startet jemand einen Satz mit: „Ich stimme Ihnen zu, aber...“

Da Sie jetzt genau auf diese Sachen gedanklich reagieren, werden Sie jedes Mal innerlich zusammenzucken und sich sagen: „Schon wieder wird die Meinung des anderen weggewischt!“

So ist es mir ergangen und so ergeht es mir in manchen Gesprächen immer noch!

Und dann bin ich abgelenkt und denke mehr über die unfaire Art und Weise der Redeführung nach als über das eigentliche Thema des Gesprächs.

Diese bewusste Wahrnehmung macht Gespräche und Meetings mit Personen, zu denen man eine gestörte Beziehung hat, sehr schwer.

Ich weiß, dass unser beiderseitiges Verhalten dazu führt, dass es vielleicht so weit geht, dass wir uns persönlich nicht mögen.

Ich weiß, das meinen Gegenüber mein Verhalten, meine Art zu sprechen oder auch meine Art zu denken und zu handeln nicht gefällt.

Also nehme ich mich zurück und lasse alle die Sprachmuster über mich ergehen.

Manchmal bis zu einem Punkt, wo ich mich nicht mehr beherrschen kann und die Art und Weise, wie Themen totgeredet werden, anspreche.

Und natürlich passt das in die Gedankenwelt meines Gegenübers, der sich in seiner Position zu mir bestätigt fühlt.

Er sieht gar nicht mehr das Thema, sondern nur meine letzte Aussage, die seinen Versuch offenlegt, einen für ihn unangenehmen Verlauf des Gesprächs zu stoppen.

Es gelingt mir jedoch auch immer öfter, die vorgenannte offene Du-Botschaft zu vermeiden und mit dem Thema zu argumentieren.

Was meine ich damit?

Meine mentale Einstellung ändert sich zunehmend mit der bewussten Wahrnehmung der negativen Sprachmuster.

Ich bin über den Punkt hinweggekommen, wo ich mit den persönlichen Attacken die Manipulation des Gesprächs anspreche.

Stattdessen nehme ich diese Punkte auf und verwende diese in meinem Sinn für meine Argumentation im Verlauf des Gesprächs.

Es ist in einer gewissen Art mit dem Spiegeln der Körperhaltung zu vergleichen. Das Gesagte wird nicht sofort in dem negativen Kontext angesprochen, sondern das Thema wird vier oder fünf Sätze später noch einmal angesprochen und mit einer offenen Frage zur Diskussion gestellt.

Wenn also das „Ich stimme Ihnen zu, aber ..." in einem Gespräch mit dem manipulativen Hintergedanken kommt, wird das Argument hinter dem „aber" hinterfragt. Auch hier schon offene Fragen: „Interessanter Ansatz, wie ist Ihre Absicht, das umzusetzen?"

Hier gehe ich erst einmal auf die Idee des Gegenübers ein und gebe ihm die Möglichkeit, mir die Ideen hinter seiner Aussage zu erläutern.

Das Tolle hierbei ist, dass er mir Details mitteilen kann, die mich einen anderen Weg einschlagen lassen können.

Habe ich neue Denkanreize bekommen und ich habe das Konzept verstanden, wird nach ein paar Minuten ein neuer, sachlicher Versuch gestartet, meinen Absatz noch einmal in den Mittelpunkt zu schieben:

„Stellen Sie sich jetzt einmal vor, wir kombinieren Ihren Ansatz mit meinem Vorschlag, um das bestmögliche Ergebnis für den Prozess zu generieren. Wie können Sie sich die Umsetzung am besten vorstellen?"

Ich gehe hierbei gar nicht auf das „aber" ein, lasse meinen Gesprächspartner seine Argumentation gegen meinen Vorschlag vorbringen, lerne mehr über die Gründe für seinen Ansatz, bringe das gedanklich mit meinem Ansatz zusammen und nenne meinen Ansatz erneut, jedoch erweitert um die wichtigen Punkte meines Gegenübers.

Natürlich kann es auch sein, das ich durch das Hinterfragen des „Aber" lerne, das die Ansätze meines Gegenübers wirklich Sinn machen.

Dann bin ich in der Lage, die Situation neu zu bewerten und seinem Ansatz zu folgen. Beide Gesprächsverläufe sind positiv für das Ziel, das verfolgt wird!

Wenn ich das jetzt geschrieben habe und es lese, sieht es wirklich einfach aus.

Erinnere ich mich an die Gespräche der letzten Woche, sehe ich den Wert im Vergleich zu dem, was sich zwischen Personen in Gesprächen ereignet hat.

Denken Sie auch mal zurück an kürzlich geführte Gespräche. Es lohnt sich!

Kontinuierliche Verbesserung

Dieses Prinzip der leanen Fertigung ist auch für den Lernerfolg der Gesprächsführung von großer Bedeutung!

Ich kann von Gespräch zu Gespräch gehen, ohne mich weiterzuentwickeln, oder ich reflektiere, wie Gespräche verlaufen sind und nehme das Gelernte für die zukünftigen Gespräche in mein Repertoire auf.

Damit ich mich kontinuierlich verbessern kann, ist es notwendig, dass ich meinen eigenen Standard des Gesprächsführung kenne.

Also:
1. Wie verhalten Sie sich in Gesprächen?
2. Wie gehen Sie mit den manipulativen Gesprächsmustern um?
3. Wie setzen Sie diese selber ein?

Wenn Sie Ihre Basis kennen, respektieren Sie diese.

Und respektieren Sie bitte auch den Zustand Ihrer Gesprächspartner.

Denn Sie sind dabei, sich in der Vorbereitung und der Durchführung von Gesprächen von der Masse zu unterscheiden.

Wie es das Wort „kontinuierlich" ausdrückt, befinden Sie sich in einem Prozess, der nie endet, solange Sie es wollen.

Emotionen

Zum Abschluss der Faktor, der für mich die größte Herausforderung darstellt und der tiefgreifenden Einfluss auf den Erfolg von Gesprächen hat: „Die Emotionen"!

Wie damit umgehen, wenn Sie wiederholt mit Menschen sprechen und verhandeln, die sich in den vergangenen Aufeinandertreffen als „Bewahrer" positioniert haben?

Wie damit umgehen, wenn Sie unsicher sind?

Probieren Sie einmal, die Gespräche für sich strukturiert und systematisch vorzubereiten!

Hilfreich ist hier eine Abwandlung der Verbesserungs - Kata, die aus nachfolgenden 5 Fragen besteht:

1. Was ist der gegenwärtige Zustand der Emotion aufgrund des Verlaufs von vorhergehenden Gesprächen? Wenn möglich definieren Sie den Zustand aus Ihrer Sichtweise und aus der Sichtweise Ihres Gesprächspartners.

2 Was ist der Zielzustand des Themas? Was ist das Ergebnis, welches Sie definiert haben und welches Aktionen bringen Sie so nah wie möglich an diesen Zustand? Welche Emotionen und welches Verhalten hilft Ihnen dabei?

3 Welche Hindernisse halten Sie nach jetzigem Wissensstand davon ab, den Zielzustand zu erreichen?

4 Was ist die nächste Argumentation mit welchen Verhalten, um eine Änderung der Sichtweise bei dem Gesprächspartner zu generieren?

5 Welche Möglichkeiten der Änderung der Sichtweise gibt es nach Ihrer Einschätzung und was sind Ihre Reaktionen darauf?

Ganz klar. Das ist zeitintensiv und fordert eine wirkliche Auseinandersetzung mit dem Thema und den Gefühlen, die damit und mit dem Gesprächspartner verbunden sind!

Die Frage ist nun, welchen Unterschied kann solch eine Herangehensweise in Ihrer Gesprächsführung machen?

1.Was ist der gegenwärtige Zustand der Emotion aufgrund des Verlaufs von vorhergehenden Gesprächen? Wenn möglich definieren Sie den Zustand aus Ihrer Sichtweise und aus der Sichtweise Ihres Gesprächspartners?

Ich bin mir sehr sicher, dass diese Vorbereitung von sehr wenigen Menschen durchgeführt wird!

Stellen Sie sich jetzt einmal vor, welchen Unterschied allein dieser Punkt macht! Anstatt sich auf seine Position und seine Erfahrungen zu reduzieren und damit mit einer vorgefertigten Sichtweise in das Gespräch zu gehen, eröffnen Sie sich die Möglichkeit, im Vorfeld Ihren emotionalen Zustand zu erleben und einzuschätzen, wie dieser Ihre Wirkung im Gespräch beeinflussen wird. Wenn Sie das um die Sichtweise Ihres Gesprächspartners erweitern, kommen Sie dazu, Ihre eigene Sichtweise „dissoziiert" zu betrachten und damit Ihre Emotionen und Ihr Verhalten neu zu bewerten.

Versuchen Sie hier wirklich, sich Ihre letzte Begegnung mit dem oder den Menschen von einer dritten Position vorzustellen. Erinnern Sie sich an Ihre Gefühle während der Situationen im Gespräch, die Ihre Einstellung zu Ihrem Gesprächspartner geprägt haben.

Und so, wie Sie es für Ihre Gefühle machen, schätzen Sie die Gefühlswelt Ihres Gegenübers ein.

Was hat ihn Wann aufgeregt und Warum hat er Wie besonders reagiert? (4W-Denken)

Dafür empfehle ich Ihnen, sich bewusst in einen ruhigen Zustand zu versetzten.

Wie?

Mit peripheren Sehen und einem leicht geöffneten Mund!

Probieren Sie es aus! Suchen Sie sich einen Punkt, den Sie ansehen (nicht fixiert anstarren) und mit dem leicht geöffneten Mund entspannen Sie komplett Ihre Gesichtsmuskulatur.

Den peripheren Blick haben Sie, wenn Sie nach vorne sehen und das Sichtfeld nach rechts und links offen haben.

Für einen Test einfach die Hände seitlich auf Höhe des Kopfes heben.

Sie sehen peripher, wenn Sie Ihre Hände bei nach vorne gerichteten Blick sehen, selbst wenn diese sich seitlich hinter Ihrer Körperachse befinden.

Das periphere Sehen ermöglicht Ihnen, einen Zustand der Ruhe und Entspannung einzuleiten.

Dabei den Mund leicht geöffnet halten und Sie haben die besten Voraussetzungen geschaffen, eine konstruktive Denkweise nutzen zu können.

Stellen Sie sich in diesem Zustand die Gesprächsszenen vor und werden Sie sich dabei den Schlüsselstellen mit den verbundenen Reaktionen bewusst.

2. Was ist der Zielzustand des Themas? Was ist das Ergebnis, welches Sie definiert haben und welches Aktionen bringen Sie so nah wie möglich an diesen Zustand? Welche Emotionen und welches Verhalten hilft Ihnen dabei

Sind Sie sich Ihrer Emotionen und denen Ihres Gesprächspartners bewusst geworden?

Dann überlegen Sie sich bitte den Zielzustand, den Sie mit den Gesprächen erreichen möchten.

Welches Ergebnis ist gewünscht und wie kommen Sie mit dem Wissen über die gegenwärtige Gefühlslage in Richtung dieses Ziels.

Welche Emotionen helfen Ihnen dabei? Welches Verhalten unterstützt Ihr Vorhaben?

Fordernd, Abwartend, Fragend, Vorschlagend! Worauf meinen Sie, reagiert Ihr Gesprächspartner am besten? Worauf am schlechtesten?

Wie braucht Ihr Gesprächspartner von Ihnen, damit Sie beide sich einem Ergebnis nähern?

Was brauchen Sie von Ihrem Gesprächspartner?

All diese Fragen helfen Ihnen, sich Ihren Zielzustand und die Aktionen dahin bewusst zu machen.

3. Welche Hindernisse halten Sie nach jetzigem Wissensstand davon ab, den Zielzustand zu erreichen?

Mit den beiden vorhergehenden Punkten haben Sie sich jetzt ihren Ist-Zustand und Ihren Zielzustand definiert.

Zusätzlich haben Sie sich Gedanken über die Art und Weise gemacht, wie der Zielzustand erreicht wird.

Sehr wertvoll ist es nun, sich Gedanken über mögliche Hindernisse zu machen, die ein Erfolg oder erwünschten Fortschritt verlangsamen oder stoppen.

Welche Beziehungen, politische oder wirtschaftliche Zwänge, Glaubenssätze oder ungeklärte Themen sind bekannt?

Sind Sie sich dieser Hindernisse bewusst generieren Sie sich einen wertvollen Vorsprung gegenüber Ihren Gesprächspartnern. Sie haben nun die Möglichkeit, sich zu überlegen, wie Ihre nächsten

Schritte sein können. Wo ist hier wichtigstes nächstes Ziel, welches ist der nächste Schritt, in diese Richtung zu gehen? Wie unterstützt dieser nächste Schritt das Erreichen des gewünschten Zielzustands?

4. Was ist die nächste Argumentation mit welchen Verhalten, um eine Änderung der Sichtweise bei dem Gesprächspartner zu generieren?

Aufbauend auf den vorhergehenden Punkt können Sie sich Argumentationen erdenken, die Ihrem Gegenüber und Ihnen die Möglichkeiten eröffnet, in die gewünschte Richtung zur Erreichung des Ziels zu denken.

Indem Sie ich die Zeit nehmen, Optionen des Gesprächsverlauf gedanklich durchzugehen, werden Sie sich Ihrer persönlichen Argumentationskette bewusst werden und gehen sehr gut vorbereitet in das Gespräch.

5. Welche Möglichkeiten der Änderung der Sichtweise gibt es nach Ihrer Einschätzung und was sind Ihre Reaktionen darauf?

Die Optionen des Gesprächsverlaufs vor Augen können Sie sich Ihrer möglichen Reaktionen im Vorfeld bewusst werden.
- Sie kennen die Wahrscheinlichkeit, wann Sie ärgerlich sein können.

- Sie kennen die Wahrscheinlichkeit, wann Sie enttäuscht sein können.
- Sie kennen die Wahrscheinlichkeit, wann Sie erfolgreich sein werden.

D.h., Sie gehen mit einem „Reaktionskonzept" in Gespräche und die Möglichkeit, das Sie die Fassung verlieren oder auf Argumentationen keine plausiblen Antworten haben, wird kleiner und damit Ihre Chance auf Erfolg größer!

Sie kennen Ihren Zielzustand und mit der mentalen Vorbereitung des Gesprächs in der beschriebenen Art und Weise wird eine Phänomen immer seltener auftreten.

Diese Situation, wenn einem im Gespräch nicht die richtige Antwort oder Frage einfällt, eine halbe Stunde danach dann die Gedanken durch den Kopf schießen, wie man hätte agieren sollen und welcher Satz richtig gut gepasst hätte.

Weshalb passiert es?

Weil die Richtung des Gesprächs in eine Richtung verlaufen ist, bei der die eigene Argumentationskette außer Kraft gesetzt ist und Improvisation oder Adhoc-Entscheidungen gefordert sind.

Und genau hier werden die 5 Fragen und die Vorbereitung helfen.

Sie nehmen sich Zeit, sich in die „Schuhe des Anderen" zu stellen, aus dem normalen Denkmuster auszubrechen und sich so auf eine breite Ebene der Gesprächsführung vorzubereiten.

Mit Kanonen auf Spatzen schießen?

Sie haben bis hier hin das Buch gelesen und jetzt werden sie sich vielleicht eine Frage stellen?

Wann soll ich denn diesen ganzen Aufwand betreiben?

Schießen Sie nicht mit der Kanone auf den Spatzen.

Sie genießen Ihre Vielzahl der Gespräche, Meetings so wie Sie es möchten und gewohnt sind.

Kommen Sie jedoch an einen Punkt, wo Sie in eine Sackgasse geraten oder Ihr persönlicher/geschäftlicher Erfolg auf dem Spiel steht, wird Ihnen der vorgenannte Ansatz helfen, sich neue Optionen für Ihre Vorgehensweise zu erdenken.

Im Lean-Denken sind Arten der Verschwendung definiert worden.

„Nicht mehr als nötig" ist eine davon.

Das ist ein guter Leitsatz für das Thema dieses Buches.

Im ersten Teil sind Sätze und Formulierungen vorgestellt worden, die bei bewussten Erkennen die Intentionen Ihrer Gegenüber deutlich werden lässt.

Im zweiten Teil sind Konzepte vorgestellt worden, die eine Planung eines Gesprächs strukturiert und unter Berücksichtigung von Denkmustern und Emotionen möglich machen.

Bei Situationen, in denen neue Wege gegangen werden sollen, in denen ein Weiterkommen nicht mehr möglich erscheint und in denen die eigenen Emotionen hinderlich sind, machen die vorgestellten Vorgehensweisen einen Unterschied aus!

Ich wünsche Ihnen viel Spaß und viele neue Erkenntnis beim Anwenden und vor allen Dingen eine zukünftige Gesprächsführung, in der Sie jederzeit Optionen haben und sowohl in der Offensive und der Defensive Herr des Geschehens sind!

Zeigen Sie dem Herren „Über uns", das es nicht immer so sein muss und Sachen anders gemacht werden können!

Bibliography

Paul Ekman: Gefühle lesen.

Verlag: Springer; Auflage: 2 (21. Oktober 2016)

Sprache: Deutsch

ISBN-10: 3662532387

ISBN-13: 978-3662532386

Rintu Busu: Persuasion Skills Black Book

Verlag: Bookshaker (1854)

ASIN: B01FEKG0P4

Thorsten Havener; Denken Sie nicht an einen blauen Elefanten!: Die Macht der Gedanken:

ASIN: B0058GV09Q

Mike Rother: Die Kata des Weltmarktführers: Toyotas Erfolgsmethoden

Verlag: Campus Verlag; Auflage: 2 (15. Juli 2013)

Sprache: Deutsch

ISBN-10: 3593399377

ISBN-13: 978-3593399379

Zeitfracht Medien GmbH
Ferdinand-Jühlke-Straße 7
99095 Erfurt, Deutschland
produktsicherheit@kolibri360.de